Bärbel Danneberg
Eiswege
Nach dem Suizid des Partners zurück ins Leben

Bibliografische Information der Deutschen Bibliothek
Die Deutsche Bibliothek verzeichnet diese Publikation in der
Deutschen Nationalbibliografie; detaillierte bibliografische
Daten sind im Internet über http://dnb.ddb.de abrufbar

© 2012 Promedia Druck- und Verlagsgesellschaft m.b.H., Wien
Alle Rechte vorbehalten
Lektorat: Karin Ballauff
Umschlaggestaltung: Stefan Kraft
Cover-Zeichnung: Tatjana Danneberg
Totentanz-Bilder: Herwig Zens
Buchgestaltung: Jo Schedlbauer
Druck: Interpress, Budapest
Printed in Hungary
ISBN 978-3-85371-346-4

Fordern Sie einen Gesamtprospekt des Verlages an:
Promedia Verlag, Wickenburggasse 5/12
A-1080 Wien, Fax: +43 1 405 27 02/22
E-Mail: promedia@mediashop.at
Homepage: www.mediashop.at

Bärbel Danneberg

PROMEDIA

EISWEGE

Nach dem Suizid des Partners zurück ins Leben
Mit Totentanz-Bildern von Herwig Zens

Bärbel Danneberg: 1943 in Berlin-West geboren. Erlernte und ausgeübte Berufe: Maßschneiderin, diplomierte Krankenschwester, Gastwirtin, ab 1974 Journalistin in Wien, seit 2003 in Pension.
Langjährige journalistische Mitarbeit in der „Volksstimme" und Chefredakteurin der „stimme der frau". Mitherausgeberin diverser Bücher, Beiträge in Zeitschriften und Sammelbänden. Zuletzt erschien ihr Buch „Alter Vogel, flieg! – Tagebuch einer pflegenden Tochter" (Promedia Verlag), in dem sie die vierjährige häusliche Pflege ihrer demenzkranken Mutter beschreibt. Das Buch war auch Anregung für „Mehr als ich kann – ein Film über den Pflegealltag im Verborgenen" von Herbert Link.

Tatjana Danneberg: 1990 in Korneuburg bei Wien geboren, nach der Matura Aufenthalt in England, Architekturstudium an der Technischen Universität Wien, Studentin an der Akademie für bildende Künste Wien.

Herwig Zens: 1943 in Himberg bei Wien geboren, Studium an der Akademie der bildenden Künste in Wien, Besuch der „Schule des Sehens" bei Oskar Kokoschka in Salzburg, Diplom der Malerei bei Professor Elsner. Seine bekanntesten Projekte sind u. a. der „Basler Totentanz", die „Goya-Projektion" und der Bildzyklus zu Hugo Distlers „Totentanz op.12". Vielfach mit Preisen ausgezeichnet.

Inhalt

Vorwort   7

EISWEGE   11
Nach dem Suizid des Partners zurück ins Leben

Ein Alter auf Stöcken gehend   139
Der Maler Herwig Zens
über seine Totentanz-Bilder,
über Julius Mende und den Tod

Anhang: Nachrufe statt eines Nachwortes   147

1) *Nachruf der Akademie*
    der Bildenden Künste Wien   147
2) *Trauerrede von Franz Ofner*   149
3) *Trauerrede von Elisabeth Holzinger*   151
4) *Trauerrede von Walter Baier*   153
5) *Trauerrede von Christine Hahn*   156
6) *Trauerrede von Hannes Hofbauer*   157
7) *Trauerrede von Katja Razumovsky*   158
8) *Rede von Franz Ofner*
    zur Ausstellung „Sex und Kitsch"
    in der MEL-Factory am 15. Mai 2007   160
9) *Rede von Oswald Eschelmüller*
    bei der Urnenbeisetzung   165
10) *Rede von Kurt Fleischner*
    bei der Urnenbeisetzung   167

Verwendete Literatur   172

Bildnachweis   173

Vorwort

Das vorliegende Buch ist nach dem Freitod meines Mannes Julius Mende entstanden. Er war tödlich krank und legte sich vor einen Zug. Zwischen der Diagnose und seinem Tod lagen sechs Tage.

Kann man den Tod, dieses absurde Ereignis, in Worte fassen? Kann man den Suizid, diese radikale Unordnung, beschreiben? „… weil es vom Sein zum Nichtsein keine Brücke gibt, sind wir so hilflos im Nachdenken über den Tod", sagt Jean Améry in seinem Buch „Hand an sich legen – Diskurs über den Freitod". Mein hilfloses Nachdenken habe ich versucht, in Worte zu fassen. Um mich nicht ganz im Nebel des nicht verstehbaren radikalen Endes zu verlieren, habe ich mich schreibend eng am Geschehen entlang bewegt. In drei Teilen schildere ich die sechs Tage vor dem Tod meines Mannes, den Zeitraum unmittelbar danach und schließlich mein nachfolgendes Überleben.

Fünf Jahre hat es gedauert, dieses Todes-Tal zu durchschreiten. Wie überlebt man den Tod? Und wie bewahrt man die Liebe? Es ist mir ein Anliegen, ein gesellschaftlich verdrängtes Thema öffentlich zu machen, dafür eine Sprache zu finden, die aus der Einsamkeit und Verzweiflung führen kann und aufzuzeigen, dass es eine „Kunst des Überlebens" oder ein „Leben nach dem Tod" nicht unbedingt im religiösen Sinn geben kann.

Der Tod bringt mich noch einmal um. Mit diesem Gedanken habe ich so manches Mal verzweifelt den Laptop zugeklappt, während ich an diesem Buch über den Tod meines Mannes gearbeitet habe. Es war eher ein Zufall, dass ich mich schreibend an das Thema herangewagt habe. Hannes Hofbauer, der Verleger, fragte mich, was ich denn gerade so schreibe. Über den Tod, sagte ich. Das will ich haben, sagte er. Dafür bin ich ihm sehr dankbar. Also schrieb ich „nicht nur für mich", sondern im Wissen, etwas so Intimes wie den Tod öffentlich zu machen. „Weil die Zukunft nicht ohne Vergangenheit bestehen kann, hat er sich auf diesem Weg in unser weiteres Leben und Arbeiten eingeschlichen. Ob er das wollte oder nicht ...", sagte Hannes Hofbauer in seiner Rede bei der Verabschiedung meines Mannes. Heute, fünf Jahre später, haben sich seine Worte mit diesem Buch bestätigt.

Ich hatte in vielen Gesprächen erfahren, wie einsam Überlebende nach dem Verlust eines geliebten Menschen sind, wie unvorstellbar ein Weiterleben nach dem Suizid des vertrautesten Nächsten ist. Ich habe aber auch erlebt, was ein Leben nach dem Tod möglich machen kann. Das Unsichtbare sichtbar machen und vom tödlichen Schweigen einer überlebensgierigen Gesellschaft zu befreien, die den Tod als schnell zu entsorgenden Störfall im Getriebe der unerbittlichen Unversehrtheit betrachtet, ist mir ein Anliegen. Ich habe meine persönlichen Erfahrungen mit Zitaten anderer Autorinnen und Autoren verknüpft, die zu dem Thema Tod, insbesondere zum Suizid, gearbeitet haben, um sichtbar zu machen, wie sehr die „arrogante Fortschrittsideologie" (Jean Ziegler) „das abendländische Kollektivbewusstsein durcheinander gebracht" hat.

Mein 2008 im Promedia-Verlag erschienenes Buch „Alter Vogel, flieg! – Tagebuch einer pflegenden Tochter" – mittlerweile in zweiter Auflage, mit einem Preis der Volkshilfe Österreich ausgezeichnet und noch immer gefragt für Veranstaltungen und Seminare – beschreibt die vierjährige Betreuung meiner demenzkranken Mutter und ihren Tod. In die Zeit der Fertigstellung dieses Buches, das mein Mann noch illustriert hatte, fällt sein Tod und sechs Wochen später der meiner Mutter. Manchmal tritt der Tod mit unerwarteter Heftigkeit in unser Leben, und manchmal hören wir schon lange vorher seine schleppenden Schritte. Doch immer hat der Tod nach unserer Zeitrechnung einen Zeitvorteil, wie bei Hase und Igel, denn er ist für uns immer zu früh da. In diesem Wettlauf war mein Mann der Schnellere, er hat sich vom Tod nicht in eine natürlich vorgegebene Zeitenordnung pressen lassen.

In Zusammenhang mit der niederträchtigen Diskussion über die Last der Alten in unserer Gesellschaft, über Wirtschaftskrise und nicht finanzierbare Sozialleistungen haben sich für mich schon damals die Fragen gestellt: Wie ist das mit dem Sterben? Wann werden wir sterben? Und wie?

Der Tod ist in unserer westlichen Warengesellschaft ein verdrängtes Ereignis. Das Sterben soll möglichst unauffällig stattfinden. Die Trauerrituale werden von Institutionen übernommen, die Trauerzeit soll schnell abgeschlossen sein. Viele Menschen fühlen sich in dem Trauerprozess alleingelassen und überfordert. Das Vergängliche als Teil des Lebens zu begreifen, um so dem Leben bewusster und sinnlicher zu begegnen, ist ein Ansatz, den ich, ausgehend von meinen persönlichen Erfahrungen, verfolge. Ich beschreibe, wie wichtig Solidarität und Anteilnahme sind, wie wunderbar es sein kann, die Hilfe anderer Menschen annehmen zu dürfen. In diesem Zusammenhang streife ich auch gesellschaftspolitische Fragen wie Jugendkult, den Stellenwert alter Menschen in unserer Gesellschaft, das „Kokettieren" mit dem Tod in bestimmten Lebenshaltungen, die Wertigkeiten von Krankheit und die kollektive Verdrängung von Bedrohungsszenarien wie Wachstumsfetischismus in einer Überflussgesellschaft und Hunger in der „Dritten Welt". Was wissen wir über einen möglichen Zusammenhang von industrieller Massentierhaltung, profitorientierter Lebensmittelproduktion und steigender Krebsrate?

Ich habe mit diesem Buch nicht versucht, meinem Mann ein Denkmal zu setzen. Das wäre ein anderes Buch geworden. Mir ging es beim Schreiben um mich und mein Weiterleben, wenngleich mein Mann mir in diesem Prozess gedanklich eng zur Seite stand. Und so ist doch ein posthumer Dank an ihn entstanden für die 23 Jahre, die wir zusammen lebten. Mein Dank gilt auch allen Menschen, die mich in dieser Zeit unterstützt haben: meinen Kindern und Enkelkindern, meinen Freundinnen und Freunden. Und den Erstlesenden, die mir Mut zum Weiterschreiben machten: meinem Enkelkind Tatjana Danneberg, die das Cover gezeichnet hat; Herbert und Inge Link, die ausgehend von meinem Buch „Alter Vogel, flieg!" einen wunderbaren Film zum Thema „Pflege im Verborgenen" gemacht haben und den Kontakt zum Maler Herwig Zens knüpften, der für seine „Totentanz"-Bilder bekannt ist und mit extra für „Eiswege" angefertigten Zeichnungen dieses Buch bereichert; meiner Schwester Christa Zeuch, die mir wertvolle Anregungen beim Schreiben gegeben hat; meiner Freundin Heidi Ambrosch und meinen MitbewohnerInnen Wolfgang und Barbara, die sich als erste über meinen Text hermachten und mich zum Weiterschreiben ermutigten; und dem Verlag, insbesondere Hannes Hofbauer, die das Projekt ermöglicht haben.

Der Tod ist immer da, jetzt oder dann. Unberechenbar. Das Suchen nach dem goldenen Schnitt zwischen Tod und Leben ist das kleinste fassbare und zu hütende Vermögen, das wir dem großen Unbegreiflichen, dem Ende, entgegensetzen können. Also ein Leben auch oder gerade im Wissen um unsere Verletzlichkeit. Ich will bis zum ungewissen Ende in würdiger Form leben. Ist das zu viel verlangt?

Bärbel Danneberg, im Frühjahr 2012

EISWEGE
Nach dem Suizid des Partners zurück ins Leben

Teil I

1.

Je älter ich werde, desto mehr Menschen sterben. Das ist natürlich blanker Unsinn. Es sterben nicht mehr Menschen, sondern immer häufiger gehen Menschen, die ich gut gekannt habe, für immer fort. Das weist mich mit einer strengen Gewissheit auf meine eigene Vergänglichkeit hin, die unaufhaltsam näher rückt.

Als meine Großmutter starb, war es nicht ihr endgültiger Verlust, der mich quälte, sondern der beschämende Gedanke, sie könne mich am Klo beobachten. Von dort oben irgendwo. Ich war damals zehn.

Als Kassandra vor fünf Jahren vor meiner Tür stand, in Polizeiuniform, war es Vernichtung von allem, was ich fühlte, dachte und was ich war. Es war der Tag, an dem sich mein Mann Julius in großer Klarheit entschlossen hatte, sein 63-jähriges Leben, das er auf keinen Fall im Schatten des Todes leben wollte, dieser Krankheit zu opfern. Er wusste genau, was ihn erwartet. Er legte sich vor einen Zug.

Als meine Mutter, fast 95-jährig, acht Wochen nach meinem Mann starb, war es der tröstliche Schmerz des Wissens, dass sie ein langes Leben hinter sich gebracht hatte, welches mein Mann und ich ihr in ihren letzten Lebensjahren durch unsere Pflege etwas hatten versüßen können. Ihre schwere Demenzkrankheit hatte sie vielleicht auch davor geschützt, den Ernst des Todes zu begreifen. Den Ernst des Lebens hatte sie gelebt. Krieg, Hunger, Entbehrungen, vier Kinder durchgebracht, doch bis zum Schluss hatte sie sich ihre Freundlichkeit gegenüber dieser Welt bewahrt.

Diese Abschiedsworte hat mir mein Mann in das Buch „Die sterbenden Europäer" von Karl-Markus Gauß in seiner etwas krakeligen Schrift geschrieben, vorne am Buchdeckel ein schwarzer Pfeil, der sowohl nach unten zeigt als auch darauf hinweist, dass drinnen im Buch noch etwas sei, das beachtet werden soll:

„*Meine Liebe!*
meine große Liebe
Wenn zwei Körperteile
durch ihre jeweilige
Heilung den Tod des
anderen bewirken,
ist das eine klare
Botschaft – lebe wild
und gefährlich
ich umarme Dich,
Julius"

Der Tod ist unser täglicher Begleiter. Seit Anbeginn ist er uns auf den Fersen. Sein Schatten bedroht und beschützt uns.

„*In Athen wurde von den Dichtern die Scheu der Unglücklichen vor dem Freitod fast wie eine feige Gesinnung getadelt, als Lebensliebe; man sollte aus dem Leben gehen wie aus dem Theater, wenn einem das Stück nicht gefiel. (...) Wenn Plato lehrt, daß der Mensch ohne Erlaubnis der Götter ebenso wenig sterben dürfe, wie es dem Soldaten nicht erlaubt sei, ohne Anweisung seiner Befehlshaber seinen Posten zu verlassen, so sollte das nur heißen, dass die Seele schon triftige Gründe haben müsse, die sie den Tod dem Leben vorziehen lasse.*"
(Emil Szittya: Selbstmörderbuch, Löcker Verlag, 1985)

2.

Am 17. April, meinem Geburtstag, hat sich mein Mann selbst getötet. Ich bereite seine Verabschiedung in der Feuerhalle Simmering vor. Die Organisation der Trauerfeier nimmt mich in Anspruch. Die leeren Löcher kommen vor dem Einschlafen, die wilden Träume nachts, beim Aufwachen ein heimatloses Gefühl und Angst. Morgens, noch in den Tiefen der Nacht, ist mein erster Gedanke: Ach Gott, welch ein Glück, es ist doch nur ein Traum gewesen. Umso heftiger dann die Gewissheit, dass Julius nicht mehr da ist. Jedes Ding trägt seine Spur in der Wohnung.

Ich bin fest überzeugt, dass dieser Schritt meines Mannes auch ein Zeichen seiner Liebe zu mir und der Welt, die er liebte, war und nicht nur eine Entscheidung in großer Not oder gar Panik. Oder möchte ich mich nur selbst schützen mit diesem Gedanken? Zu einer Freundin, der Johanna, hatte er am Vorabend des 17. April gesagt: Das Schlimmste dabei ist, dass man das meiner Frau antut – erst die jahrelange Pflege mit der Mutter, und nun komme ich mit meiner Krankheit daher ... Johanna hat es mir erst später erzählt.

Er ist aus unserem Leben getreten – entschlossen, konsequent, radikal. So war er. Wenn er von etwas überzeugt war, gab es kein Halten. Immer hat er das getan, was er für richtig hielt, auch wenn das oft nicht von Vorteil für ihn war. Doch immer hat er sich seinem Standpunkt in der Diskussion gestellt, sich angreifbar gemacht, so wie auch jetzt durch die Krankheit. Und er hat sich immer vom Gegenteil überzeugen lassen, wenn das für ihn einsichtig war. Er war ein Querdenker und Radikaler in jeder Hinsicht. Auch sich selbst gegenüber.

Zwischen der Diagnose Lymphom und seinem Tod liegen genau sechs Tage. Was ist in diesen Tagen in ihm vorgegangen? Habe ich ihn zu wenig von der Alternative des gemeinsamen Lebens im Schatten des Todes überzeugen können, sodass er seine Endgültigkeit für mein Weiterleben gewählt hat? Wieso komme ich überhaupt auf den Gedanken, dass es um mich gehen könne? Ihm ging es um sich.

Dies sollte ich erst viel später fühlen können: So schmerzvoll es ist, aber seine Anwesenheit in den Dingen und das Bewahren von gemeinsam geübten Ritualen beschützt mich auf eine ganz eigenartige, fast heilige, ruhige Art. Gibt es vielleicht doch so etwas wie eine höhere Sphäre des Seins? Werde ich jetzt religiös? Das kann ich mir nicht vorstellen von mir. Doch das Gefühl eines höheren Aufgehoben-Seins ist stark, das hatte ich noch nie in dieser Klarheit in meinem Leben. Das ist mir sehr neu.

3.

Seit Julius die Diagnose seiner unheilbaren Krankheit hat, also seit Mittwoch, dem 11. April, ist in Wien ein schreiend schönes Wetter. Der Frühling explodiert, die Kastanien blühen, der Flieder, der sonst immer erst zu seinem Geburtstag im Mai in Blüte steht, blendet die Augen in seiner penetranten Pracht, die Sonne verbrennt alles viel zu früh. Aufs Land, aufs Land, würden wir sagen.

Nur ein einziges Mal, am Tag nach seinem Tod, hat es in diesem Monat heftig geregnet.

Als Julius auf der Trage im Krankenhaus liegt, nachdem der Arzt herausgekommen ist und ihm nach der Magenspiegelung sagt: Es schaut nicht gut aus, ist er gefasst. Mit seinen schönen, großen, braunen Augen schaut er mich traurig an, sehr wissend und ruhig. Keine Angst im Blick. Nur tiefe Traurigkeit. Ich muss mich umdrehen und wegschauen, weil ich nicht will, dass er sieht, wie ich weine. Der Arzt holt mir einen Sessel, ich muss mich hinsetzen, alles schwankt. Er erklärt, dass, wenn es Magenkrebs ist, der Magen herausgenommen werden muss und der Dünndarm mit der Speiseröhre zusammengestückelt wird, es wird aus dem Dünndarm ein Ersatzmagen zusammengebastelt. Mein erster Gedanke: Das geht absolut nicht, Julius, der im Essen nicht nur Nahrungsaufnahme sieht, sondern Lust, Sinnlichkeit, dem das Essen etwas Heiliges wie das Abendmahl ist und der die Völlerei wie aus Teufels Küche genießt – das mit dem Kunstmagen geht nicht zusammen. Wenn es ein Lymphom ist, sagt der Arzt, wird das zunächst mit Chemotherapie behandelt, der Magen wird später herausgenommen. Wir unwissenden Narren – hoffentlich ist es ein Lymphom, dann muss der Magen nicht operiert werden, sagen wir uns voll blinder Hoffnung.

Julius ist von der Trage aufgestanden. Wir fahren nach Hause, er besteht darauf, selbst Auto zu fahren. Eine schweigende Heimkehr, eine zeitlose Zeitspanne, in der wie übereinander gelagerte Fotos Vergangenes, Gegenwärtiges, Erlebtes, Gefühltes, Versäumtes und Erhofftes zu einem einzigen neuen Bild zusammenschmelzen. Was geschieht an diesem Abend? Wie schauen wir in diesen Abgrund, dessen Boden nicht sichtbar, noch nicht einmal ahnbar ist?

Julius liegt auf dem Sofa und sieht fern, wie beruhigend normal, wie tröstlich banal. Elisabeth, eine enge Freundin, die jedes Jahr zu Ostern mit ihrem Mann zu uns aufs Land kommt, nur in diesem Jahr war sie nicht dort, ruft an: Wie war denn Ostern ohne uns, fragt sie. – Schlecht, sage ich. – Na klar, sagt sie, wir waren ja nicht da. – Nein, schlecht, Julius hat Krebs. Elisabeth weint am Telefon. Als ich Julius das erzähle, ist er ganz erstaunt – Elisabeth, die mit ihrem Mann lange Zeit zusammen mit Julius in einer Wohngemeinschaft gelebt hat, weint ..., das kann er nicht fassen. Ich frage ihn, ob er mit ihr sprechen möchte. Aber er will nicht.

„Nichts darf die Teilnahme am Osterritt verhindern, und gibt es in der Familie einen Trauerfall zu beklagen, dann trägt das Pferd eine schwarze Schleife am Schweif, der trauernde Hinterbliebene aber sitzt hoch zu Roß und reiht sich ein in den Zug der Reitenden wie all die Jahre zuvor. Novizen tragen bei ihrem ersten Ritt ein Myrtenkränzchen, die erfahrensten Prozessionsreiter dürfen sich mit einer weithin sichtbaren Plakette schmücken, die zeigt, wie oft sie schon am Osterritt teilgenommen haben."
(Karl-Markus Gauß: Die sterbenden Europäer,
Paul Zsolnay Verlag, 2001)

Wir sind dann wohl schlafen gegangen. Ich habe mich zu ihm gelegt, ihn umarmt, doch er wehrte ab, er bekomme keine Luft. Der Abstand schob sich unmerklich zwischen uns. Ich habe ihm ins Ohr geflüstert, dass ich ihn liebe und dass wir das alles schaffen werden. Nachts wieder diese Schmerzen, er bekam keine Luft, hat heftig aufstoßen müssen und ein paar Mal das Leiberl gewechselt, weil er so stark geschwitzt hat, dieses Nachtfieber seit einiger Zeit. Nachts ist er dann auf dem Bettrand gesessen, nachdem er lange warm und dann kalt geduscht hatte – das war seit einiger Zeit sein Hilfsmittel, damit er wieder schlafen kann

–, gebeugt, schwer atmend, immer wieder aufstoßend saß er da, ging dann in die Küche, ich komme gleich, hat er gesagt. Aber er kam nicht.

Noch vor Kurzem waren wir auf der Leipziger Buchmesse, wo Julius sein neues Buch „Die sexuelle Welle – Zwischen Sinnlichkeit und Vermarktung" vorgestellt hat. Da wussten wir noch nicht, dass unser Leben in wenigen Wochen eine andere Richtung einschlagen würde.

Damals habe ich in mein Tagebuch geschrieben:

Julius geht es gar nicht gut, er kann kaum etwas essen. Wenn wir wieder in Wien sind, beginnen die nächsten Untersuchungen. Aber das Interview für die Radiosendung ist gut gelaufen. Mit dem Verleger waren wir essen, aber Julius bringt außer ein paar Löffeln Reis nichts hinunter.

Wir schlenderten nachmittags durch die Leipziger Innenstadt, schließlich landeten wir in der Thomas-Kirche, in der Johann Sebastian Bach Kantor war. Dort wurde gerade die Johannes-Passion geprobt, bald ist ja Ostern. Diese Musik, die wir in unserer ersten Liebesnacht gehört hatten, prasselte wie ein schweres Gewitter auf uns nieder, wir fassten uns an den Händen und ich brach in Tränen aus. Warum weinst du, fragte Julius, weil wir die Mutter ins Pflegeheim geben mussten? Und ich sagte: Nein, nicht deswegen, sondern wegen dir.

Nachts rief er seinen Arzt in Wien an, die Schmerzen unterhalb des linken Rippenbogens könnten von der Milz kommen, aber man kann auch ohne Milz leben.

Als hätte ich es schon in Leipzig gewusst.

Das niederschmetternde Ergebnis der Magenspiegelung: Entweder Lymphom, also Krebs, oder Magenkarzinom, also Krebs. Als wüsste ich es die ganze Zeit – mein Angerührt-Sein hat ja nicht nur mit Mutters Pflege zu tun. Seit Wochen breche ich unerwartet in Tränen aus, ohne zu wissen, warum. Was kommt nun?

Entweder operieren, das ist kompliziert, oder Strahlentherapie und andere Medikamente. Das ist auch kompliziert. Die Wahl zwischen Pest und Cholera.

Als ich später im Internet über Hodgkin und Non-Hodgkin recherchiert habe, ist mir klargeworden, dass seine Schweißausbrüche und der Juckreiz an einer Stelle am Rücken Symptome dieser unheilbaren Krankheit sind. Ich studierte alle Stadien und Abläufe, alle Varianten und Behandlungsmöglichkeiten, Julius scheint die schlechtesten Karten zu haben.

„Die Nächte bleiben ein einziger Albtraum: Ich liege da, schlaflos, spiele mit den verschiedenen Möglichkeiten des Freitodes, sehe mich mit dem Galgen in der Hand aus dem Krankenhaus schleichen, in einem Gebüsch mich verstecken, mir die peak-line aus dem Arm reißen, sehe mich Schlaftabletten nehmen, langsam verbluten. Morgens muss ich mich aus tiefster Hoffnungslosigkeit herausarbeiten, mein Besuchergesicht aufziehen. Nicht gehen lassen, nur nicht gehen lassen!"
(Hana Hammerman, Jürgen Nieraad: Ich wollte, daß du lebst.
Eine Liebe im Schatten des Todes, Aufbau-Verlag 2005)

Die Nacht

Noch kürzlich hatten wir Mutter über das Osterwochenende aus dem Pflegeheim mit in unser Bauernhaus ins Waldviertel nördlich von Wien genommen. Ich wollte es noch einmal genau wissen, und Julius hatte mir zugeredet, sie zu holen, als er meine Verzweiflung über ihre große Verlorenheit dort auf der Endstation des Lebens gesehen hat. Dieses Wochenende im Kreis der Familie mit den bunten Ostereiern, die Omas Urenkel angemalt hatten, war schrecklich. Die Mutter war unruhig, wanderte nachts laut stöhnend durchs Haus, es war für sie und für uns eine Qual. Doch es war die erleichternde Bestätigung, dass die Entscheidung Pflegeheim richtig gewesen ist. Lange hatten wir gezögert: Solange sie noch isst, solange sie uns zwischendurch erkennt, solange sie Freude an ihren Kindern und Urenkeln hat, solange sie noch nicht ganz bettlägerig ist – der Zeitpunkt für ein Pflegeheim schob sich immer weiter nach vorn in Richtung Tod. Als wir kurz vor der Leipziger Buchmesse die Nachricht bekamen, dass ein Bett im Pflegeheim freigeworden sei, meinte Julius: Das ist ein Wink des Himmels.

4.

Am nächsten Morgen sind wir ins Krankenhaus gefahren. Julius wollte wieder selber Auto fahren. Und wieder dieser wunderschöne Frühlingstag. Gedrückte, aber gefasste Stimmung. Wir schaffen das, mein Lieber, denke ich voller Verzweiflung. Die schönen Häuser dort draußen haben wir bewundert. Am Bahnübergang mussten wir lange warten, weil Züge gefahren sind. Wir waren uns uneins, ob das die Süd- oder Westbahnstrecke sei. Wahrscheinlich was dazwischen. Waren wir schon in dieser Zwischenwelt angekommen? Erst jetzt beim Schreiben kommt mir die Bedeutung des Bahnübergangs in den Sinn. Hatte er schon dort mit dem Gedanken gespielt, und zwar auf diese Weise?

Angekommen im Spital, wird Julius auf die Onkologie gelegt. Für eine Knochenmarkbiopsie. Er wird in ein Dreibettzimmer geschoben, krebskranke Menschen liegen dort, bleich, grau, dünn. Er schaut sie sich alle genau an und bedauert sie. Ich fahre nach Hause, irgendwie verzweifelt optimistisch, denn die Medizin kann doch heutzutage schon so viel, fast abergläubisch sage ich mir: Wenn ich gleich einen Parkplatz vor dem Haus finde, wird alles gut. So wie früher als Kind: Wenn ich es schaffe, vor diesem Auto über die Straße zu kommen, dann … Oft lebensgefährlich nahe. Diesmal tödlich, trotz freiem Parkplatz.

Ich telefoniere den ganzen Tag, sage meinen Leuten Bescheid, gehe durch die Wohnung wie ein gefangenes Tier, überlege, wie es wird mit der Chemotherapie, mit uns, wie unser Leben sich verändern wird. Wie er sich verändern wird. Und wie ich eine andere werde. Ich schaue die Türstaffeln an – geht dort ein Rollstuhl durch? Wie sollen wir die Betten stellen?

Vor einiger Zeit hatten wir unsere Arbeitszimmer neu gestaltet. Julius fing vor seiner Pensionierung vor einem halben Jahr wie ein Verrückter an zu malen. Einst Weiler-Schüler und Hoffnungsträger der Salzburger Avantgarde, hatte er als Linker in den „wilden" Jahren des Wiener Aktionismus mit seinen Skulpturen und Bildern provoziert und später mit der Malerei aufgehört. Seine Bilder hingen in Banken und er wollte nicht den Hampelmann für die Geldsäcke abgeben. So wie Malewitsch mit seinen verschwindenden schwarzen Quadraten war er überzeugt, dass die äußerste Abstraktion im Entsagen des profan Sichtbaren, des Geldmarktes als Antrieb liege. Die Aktie an der Wand hat er verachtet. Er wurde Kunsterzieher an der Akademie für bildende Künste in Wien und Werkerzieher an Schulen. Im Lehren sah er mehr Vermittlungsmöglichkeiten seiner Ideen als im Malen. Wie sehr hatte er sich selbst getäuscht: Als wir vor 23 Jahren zusammenkamen, jeder von uns hatte seine eigenen Beziehungsgeschichten hinter sich, war das unsere große Liebe. Als wir uns fanden, fand er zu neuer, gegenständlicher Ausdrucksform. Er zeichnete die schönsten weiblichen und männlichen Akte. Sie hängen heute bei vielen Freunden, aber nicht als Aktie an der Wand. Seine Bedingung war: Ich schenke sie euch unter der Voraussetzung, dass ihr die Bilder aufhängt. In den letzten drei Jahren seines Lebens malte er in seinem neugestalteten Atelier die vor Leben strotzenden Farbbilder, Hunderte, alle mit dem freudigen Lebensbezug des Sexuellen. Er liebte das Leben.

Ein Kollege von Julius an der Akademie der bildenden Künste in Wien, der Maler und Professor Herwig Zens, schrieb einmal zu seinen „Totentanz"-Bildern: „Man hat Kunst nicht umsonst immer wieder mit dem Phänomen ‚Liebe' verglichen. Und da ist zum Beispiel die englische Sprache viel schöner und prägnanter als unsere. Dort heißt es ‚fall in love'. Das ist ein völlig wehrloses in einen Strudel-hinein-gezogen-Werden." Und: „Solange der Maler malt, ist der Tod außerstande, ihn zu holen – es geht nicht, weil es fasziniert ihn so, was der da macht. Er kann nicht zugreifen, weil er ist so neugierig auf das, was der da macht – und dann malt man halt."

Julius hat gemalt. Der Tod hat ihm über die Schulter geschaut, die Fülle seiner sinnlichen Darstellungen fasziniert bestaunt, aber Julius hat ihn überlistet.

„Die Brahmanen und die Anhänger der Stoa hielten es für erlaubt, sich den Schwächen des Alters durch Selbstmord zu entziehen; Plinius berichtet sogar, daß bei mehreren Völkern der Selbstmord der Greise eine allgemein angenommene Sitte gewesen sei. 3 bis 4 Jahrhunderte vor unserer Zeitrechnung und 3 Jahrhunderte nach Christi Geburt ward die Sitte der Kreier beibehalte."
(Emil Szittya: Selbstmörderbuch, Löcker Verlag, 1985)

An diesem Donnerstag geht mir viel durch den Kopf. Mein lieber grauer Kater Julius – tödlich krank. Ich recherchiere stundenlang im Internet, was diese Krankheit bedeutet. Hodgkin, Morbus Hodgkin, ich drucke alle Informationen aus, wie eine Besessene lese ich all die Varianten durch, die zeigen, in welchem Stadium sich sein Körper befindet. Mein Julius im Krankenhaus, aber es ist behandelbar, sage ich mir. Ich stelle mich innerlich auf eine sehr schwere Zeit ein. Pflege, Rücksicht, Nachsicht, jetzt ist Julius dran mit meiner ganzen Aufmerksamkeit, denn die demenzkranke Mutter ist seit Kurzem gut betreut im Pflegeheim.

Meine Eintragung ins Tagebuch, die letzte für längere Zeit:

Seit heute früh wissen wir: Es ist ein Lymphom, also Krebs des lymphatischen Kreises, bösartig und wird mit Chemie und

Strahlen behandelt. Ich kann es nicht fassen, ich hab ihn so lieb. Den wichtigsten Leuten habe ich nun Bescheid gesagt.

Mit den Töchtern, den Enkelkindern und Mutter im Rollstuhl war ich heute in der Meierei im Prater und es beruhigt mich, dass es ihr gut geht – ach Kinder, wie schön, hat Mutter immerzu gesagt und zufrieden ihr erstes Eis geschleckt, dass ich das noch erleben darf. Johanna war abends da und ich hab mich an ihrer Schulter ausgeheult.

Bamberger Totentanz

Am nächsten Tag, ein Freitag, fahre ich mit der Straßenbahn ins Spital. Julius ist benommen von der Knochenmarkbiopsie, er hat einen Schlauch für Sauerstoff in der Nase. Sie können Ihren Mann übers Wochenende mit nach Hause nehmen, sagt der Arzt, die Ergebnisse kommen ohnehin erst am Montag. Fahren wir aufs Land, bittet Julius, es ist ein so schönes Wetter.

Da der Arzt ihn erst ab 15 Uhr wegen der Narkose entlassen will, fahre ich nach Hause, hole das Auto, kaufe fein ein – Lungenbraten, Gemüse, Brot, Äpfel, Wurst und Käse und Wein, ich will ihn verwöhnen, obwohl er ja seit Wochen kaum noch etwas Gescheites essen kann, aber vielleicht freut ihn der Anblick eines festlich gedeckten Tischs.

Er fährt über das Tullnerfeld ins Waldviertel, er will wieder unbedingt selbst chauffieren, in Stockerau fahre dann ich weiter, es ist für ihn zu anstrengend. Ich bin frohen Mutes – Mensch, mein Alter, wir schaffen das, wir haben doch schon so vieles gemeinsam geschafft in den 23 Jahren, die wir zusammenleben.

"Drei Jahre hatten sie mit dieser Krankheit gelebt. Nie hatten sie über den Tod gesprochen. Gestorben waren die anderen. Gestorben wurde viel. Das Krankenhaus hat ein großes Einzugsgebiet. Auch von den umliegenden Landgemeinden werden Patienten aufgenommen. Herr Kern ging ins Spital, weil er Magenschmerzen hatte, und landete auf Lunge II. Dort lag er und bekam nur an den Wochenenden Besuch. Ein Postbus-Chauffeur mit drei Kühen im Stall. Man wollte ihm nicht sagen, wie es um ihn stand."

(Eugenie Kain: Flüsterlieder. Erzählungen.
Otto Müller Verlag, 2006)

5.

Es ist ein so wunderschöner Abend, dass es fast weh tut. Das weiche Licht der sinkenden Sonne, unser Haus draußen im Waldviertel, es ist alles sehr friedlich und wir sprechen nicht viel. Julius hört Bob Dylan in voller Lautstärke, Mr. Tambourine Man, der Lautsprecher kracht ganz fürchterlich, der alte Verstärker ist von meinem Vater, er starb vor zehn Jahren. Nun will nach 40 Jahren treuer Dienste wohl auch dieses Gerät den Geist aufgeben. Und noch immer höre ich mir Vaters Schallplattensammlung an, diese zerkratzten Dinger, die mich hören lassen, beim wievielten Glas Wein er den Tonträger drüber schrammte. Fahren wir morgen einen neuen Verstärker kaufen, meint Julius. Musik ist doch so wichtig hier draußen.

Im Bett dann wieder die Qualen für ihn – keine Luft, Schwitzen, Fieberschübe, Aufstoßen, Schlechtsein. Wir schlafen beide wenig, jeder ist mit seinen Gedanken beschäftigt. Ich halte seine Hand, streichle sein dichtes, graues Haar und schaue in seine tiefen, dunklen Augen. Ich glaube, er war sehr traurig, und ich wollte ihm meine Traurigkeit und Angst nicht zeigen, damit er nicht mutlos wird. Und so schwiegen wir, was hätten wir auch sagen können?

Am nächsten Morgen Sonnenschein. Das Gras steht schon hoch. Früher war Julius schon frühmorgens mit der Sense vor dem Haus, das Ritsch-Ratsch des Wetzens und der Geruch der frisch geschnittenen Wiese drangen zu meinem Bett – und dann Kaffeeduft, er, der Teetrinker, kochte mir den Morgenkaffee. Heute haben wir einen Rasenmäher und die Sense hängt kaum benutzt bei den Gartengeräten. Es ist ein Schnitter.

Im Waschbecken im Bad sitzt eine fette, große Spinne. Ich mache einen Satz zurück und laufe zu Julius, der in der Küche Frühstück zubereitet. Julius kennt das: Wenn ich derart entsetzt aus dem Bad zu ihm gelaufen komme, weiß er, dass er eine Spinne beseitigen soll. Er tut sie in ein Glas und trägt sie nach draußen. Bitte, sage ich halb beschwörend und halb scherzhaft zu ihm, du darfst mich nicht alleine lassen – was soll ich denn ohne dich mit den Spinnen machen?

Wir sind in die Stadt gefahren, um einen Verstärker zu kaufen, dein Geburtstagsgeschenk, meinte Julius. Wir haben lange herumprobiert, wie das neue Ding funktioniert und wie das Kabelzeug anzustecken sei, ich sagte, na, du hast jetzt den CD-Player zum Tönen gebracht, die Musik schenkst du mir zum Geburtstag, und ich versuche bis zu deinem Geburtstag in wenigen

Wochen das Radio in Gang zu bringen, dann schenke ich dir die guten Nachrichten. Ich hab das Funktionieren des Radios schließlich doch gleich zusammengebracht und war ganz stolz darauf. Es hatte etwas von der Symbolik unserer gemeinsamen und eigenständigen Stärken, die zum Tönen gekommen waren. Doch die Nachrichten sind jeden Morgen gleich schlecht, Hungerkatastrophen, Umweltschäden, Kriege, Wirtschaftskrisen. Und nun mein krebskranker Mann.

Wir haben Musik gehört, er immer wieder Bob Dylan, er hat gekocht, wir sind in der Sonne gesessen, der Nachbar hat eine blöde Bemerkung gemacht, als er von Julius' Krankheit gehört hat: Mensch Julius, meinte er, da siehst du ja dann gar nicht mehr, wie eure Freunde Sissy und Kurt da drüben ihr Haus umbauen. Wie recht sollte er damit haben. Eine blödere Bemerkung hast du wohl nicht machen können, sagte ich später zum Nachbarn, der verdattert schaute. Julius meinte zu mir: Die Bauernschädel können mit so etwas schlecht umgehen.

„Natürlich, auch hier gibt es eine Kehrseite, wenn auch eine phantasierte. Es ist der zuweilen aufsteigende Verdacht, hier werde eben doch von freundlichen Menschen mit einem Sterbenden Komödie gespielt, daß (…) ihm plötzlich Lorbeerkränze aufs Haupt gedrückt werden, er sich als für die Mitwelt unentbehrlich dargestellt sieht, eine sehr durchsichtige Konspiration im Gange ist, um es ihm leichter zu machen, in bester Absicht – wer würde nicht in einer solchen Situation an diese Möglichkeit denken?"
(Hana Hammerman, Jürgen Nieraad: Ich wollte, daß du lebst.
Eine Liebe im Schatten des Todes, Aufbau-Verlag 2005)

Die handwerklichen Spuren unseres Nachbarn ziehen sich durch unser altes Bauernhaus. Er hat vieles an-, um-, mitgebaut und dabei manch Kurioses angerichtet. Diese Scharten, die etwas von Lebenslinien an sich haben, betrachte ich gerne, etwa die Holzstaffel, die der Nachbar zu kurz angesägt hatte, weil er schlecht sah, die er mit Holzkitt ausgebessert hat, der dann im Laufe der Jahre immer deutlicher zum Vorschein kam. Das Lebendige spiegelt sich in den toten Dingen, die ihre Geschichte lange nach der Zeit ihres Geschehens preisgeben.

6.

Am Samstag hat Julius mit einigen Leuten telefoniert. Mit Hannes, mit Alki, ich weiß nicht, mit wem noch. Seine Frau aus erster Ehe hat angerufen und er meinte zu ihr: Ich habe es nie akzeptiert, dass du eine so endgültige Trennung willst, Abstand, das ja, aber man trennt sich nicht von jemandem so unerbittlich, mit dem man so lange zusammengelebt hat.

Die Spinne im Waschbecken

Wieder eine Nacht mit Schmerzen, Atemnot, Schwitzen, Fieber, er hat immer wieder „Voltaren" geschluckt. Ich bin früher ins Bett gegangen, er hat noch ferngesehen. Das haben wir nie bedacht, wie tröstlich-beruhigend dieses stupide Medium mit all seinen schlechten Programmen in einer großen Verlassenheit sein kann.

In der Früh habe ich das Auto geputzt. Gründlich, vielleicht bekommt er besser Luft, wenn es nicht so staubig ist, dachte ich. Er hat wieder telefoniert, jetzt haben sie dem Sexopa die Luft rausgelassen, meinte er einmal zu irgendwem. Wir haben uns in die Sonne gesetzt, erschöpft, sind dann über unseren Grund gewandelt. Beim Teich blieben wir lange stehen und sahen mit Freuden, dass die Weiden gut angewachsen waren. Wir haben uns jeden Winkel angesehen, ob wohl heuer eine gute Apfelernte sein wird? Und wie schaut es aus mit dem Birnbaum?

Und wir haben überlegt, wie das mit dem Hausumbau unserer Freunde werden wird. Das geht mich nichts mehr an, meinte Julius, das sind ihre Sorgen.

Ganz am Anfang unserer Liebe, als der Sexualwissenschaftler Ernest Borneman freiwillig aus dem Leben ging, hatten wir einmal diskutiert, ob der Freitod in höchster Not eine Alternative sei und wenn, auf welche Weise. Als ehemalige Krankenschwester kann ich mir das nicht vorstellen, sagte ich, ich habe zu viel über Ethik gelernt. Aber ich erzählte ihm, dass unser Oberarzt uns Schwesternschülerinnen die beste Art schilderte, aus dem Leben zu scheiden: Man legt sich bei Minus 20 Grad auf einen zugefrorenen See und trinkt eine Flasche hochprozentigen Schnaps, dann würde man einschlafen und nichts merken. Der Arzt wollte uns damit das chemische Funktionieren von Kreislauf und Körperwärme vermitteln. Wir lachten, frisch verliebt, philosophierten über Tod und Leben und unsere Endlichkeiten, die für uns in ferner Zukunft lagen, vertrauten unserer Gegenwart und waren uns im Leben und in unserer Liebe sehr nah. Julius meinte, am besten sei, sich die Klarheit so lange im Kopf zu bewahren, dass man rechtzeitig weiß, was zu tun ist. Ich könnte das niemals, sagte ich erschrocken zu ihm, ich bin viel zu feige dafür.

Mir fällt eine andere Geschichte ein, die sich viel später, aber lange vor Julius' Tod zugetragen hat: Wir saßen abends vor einem „Tatort"-Krimi, als es unten im Hof ein paarmal dumpf krachte. Da hat wer geschossen, meinte Julius. Quatsch, sagte ich, da tritt irgendwer alte Pressspanplatten zusammen. Nein, das waren Pistolenschüsse, beharrte Julius, er sei einmal beim Bundesheer gewesen und kenne dieses Geräusch. Kurz darauf kam ein ganzes Aufgebot an schwarzuniformierten Sonderpolizisten angerückt, die mit ihren Taschenlampen die Hausfassade abtasteten. Ein Krimi im Krimi – wir liefen auf den Balkon, um zu sehen, was da los ist. Zurück, zurück!, plärrte es aus dem Megafon, wir sollten schnellstens vom Balkon verschwinden. Kurz darauf huschten Schatten durch das Treppenhaus, hinten im Hof liefen gebückt die Schwarzuniformierten wie Gespenster hin und her. Julius und ich überlegten, was wir tun würden, wenn es an der Tür läuten und ein Fremder Schutz suchen würde vor den Verfolgern. Wer wird da gesucht? Warum? Ein illegaler Flüchtling? Es fielen uns unzählige Geschichten aus dem Faschismus ein – würden wir jemanden verstecken? Wie schaut Zivilcourage konkret aus? Die Krimi-Szene auf der Straße endete fast zeitgleich mit dem Fernseh-Krimi. Es stellte sich später heraus, dass ein Mieter in unserem Haus in Wien Freunde aus seiner Heimat zu Besuch hatte, und die haben in der Wohnung Schießübungen auf einen Spiegel veranstaltet. Aus Spaß. Dieser Mitbewohner hieß ab nun bei uns „Revolverheld". Kurz darauf hat Julius den Revolverhelden gefragt, wie und wo man denn in Österreich zu einer Pistole kommt, ob es schwer sei, so ein Ding zu kaufen …

Weshalb wollte er das damals wissen? Heute, viele Jahre später, stelle ich diese Frage aus einer ganz anderen Perspektive.

Für den Abend hatten wir Freunde eingeladen, Ossi ist ein ehemaliger Student von Julius, Lehrer und Bildhauer, Brigitte ist in Pension und war früher Krankenschwester. Es war ein sonniger, warmer Nachmittag, später sahen wir der untergehenden Sonne am Horizont nach. Wir saßen draußen im Freien bei einer Jause und Wein, wie beim Heurigen, meinten die Freunde, es ist so schön hier, dieser Blick übers Land. Von unserem Hausfalken haben wir erzählt, der uns jeden Abend besucht, der oben auf dem

Dachvorsprung sitzt und der uns immer alles vor dem Küchenfenster vollscheißt. Dann wälzten wir alternative Behandlungsmöglichkeiten hin und her, da gebe es einen Arzt, meinte Brigitte, der erstaunliche Erfolge fernab der Schulmedizin habe. Julius beteiligte sich kaum am Gespräch. Er lag im Liegestuhl und schaute in die ferne Landschaft, über die sich nun dunkle Schatten legten.

Ich erinnere mich an ein ähnliches Bild vor langer Zeit. Julius lag im Liegestuhl, schaute in den blauen Himmel und den weißen Wolken nach und meinte versonnen: Es muss schön sein, von diesen Wolken einfach für immer aufgesogen zu werden – so müsste man vergehen im Nichts. Später kam mir ein Gedicht in den Sinn, von dem ich mir nur bruchstückhaft die ersten Zeilen gemerkt und dessen Verfasser ich nie herausgefunden habe:

Ich liege still
im hohen, grünen Gras
es zieht mich zu den Wolken hin
mir ist als wenn ich längst gestorben bin …

Als es dunkel war, sind wir hineingegangen. Das Haus mit all den vielen Erinnerungen des gemeinsamen Lebens umgab uns wie eine schützende Haut. Julius war müde, ihn fröstelte, die abendlichen Fieberschübe kamen wieder, über uns schwebte ungewiss das Kommende: die Chemotherapie, die am Dienstag, meinem Geburtstag, beginnen würde.

7.

Julius sagt, machen wir doch am Montag ein Geburtstagsessen für dich mit allen Kindern und Enkeln. Ach was, meine ich, du kannst jetzt kaum etwas essen, verschieben wir das, wenn du das Krankenhaus überstanden und wieder Freude am Essen hast. Aber nein, besteht er darauf, wir kochen und laden alle ein. Er ruft unsere aus verschiedenen Beziehungen zusammengewürfelten Kinder an. Wir überlegen, was wir kochen werden. Schnell soll es gehen, gut soll es sein. Wenn wir Montag vom Waldviertel nach Wien fahren, gehen wir unterwegs einkaufen und besuchen noch schnell die Mutter im Pflegeheim, schlägt er vor.

So machen wir es auch.

Montagfrüh will er gar nicht im Spital anrufen, um seine Ergebnisse der Biopsie zu erfahren. Gegen Mittag ruft er dann doch an, ob das mit dem Bett morgen in Ordnung gehe. Und die Ergebnisse, frage ich? Das sind nur die Leute von der Verwaltung wegen dem Bett gewesen, winkt er ab.

Er wollte, so sehe ich es nachträglich, nicht wissen, wie es um seine Krankheit steht. Oder hat er gespürt, tief innen, was los ist? Stand schon dort sein Entschluss fest?

Auf der Heimfahrt sagt er zu mir, jetzt möchte er sich einen Krückstock kaufen. Schon zu Weihnachten hatte er sich von mir einen gewünscht und ich habe damals lächelnd gesagt: Du alter Depp, kokettierst mit der Rolle des alten Mannes, so alt bist du nicht, dass du auf Salzburger Art den Stock beim Spazierenge-

Der Selbstmord am See

hen schwingst. Jetzt sage ich zu ihm, gut, bleiben wir unterwegs beim Altwarentandler stehen. Er sucht sich dort zwei Stöcke aus, die viel zu nieder für ihn sind, aber er stützt sich auf beide und sagt, die sind in Ordnung, die nehmen wir. Wieso zwei? Und wieso der eine, der doch schon ziemlich kaputt und kürzer ist? Wir legen sie nach hinten ins Auto – was will er mit diesen beiden Krückstöcken sagen? Ich blindes Huhn taste mich durch alle Metaphern, Hoffnungen und Erklärungen, ohne Anfang, ohne Ende, ohne Gegenwart, ganz und gar blind für Sinn und Form des Lebens, das ich nicht festhalten kann und das uns so schnell, wie wir gar nicht denken können, entwischen wird.

Jahre später wird mich der Maler Herwig Zens auf eine Zeichnung von Francisco de Goya hinweisen, die mir ein Schlüsselbild zu sein scheint für den seltsamen Kauf der beiden Stöcke (siehe den Text „Ein Alter auf Stöcken gehend" im Anhang).

Wir bleiben beim Supermarkt stehen. Wieder besteht Julius darauf, selbst Auto zu fahren, so als wolle er sich mit der schnellen Raum- und Zeitüberwindung eine Reserve für sich selbst herausholen. Ich gehe einkaufen. Wein, Brot, Hühnchen, Gemüse, ich weiß es nicht mehr so genau, aber ein schönes Geburtstagsessen soll es werden. Diesmal hat Bärbel alles gekocht, wird Julius später zu den Kindern sagen. Das war ja sonst immer seine Glanzleistung, ein gut zusammengestelltes Essen mit allen Finessen, ich war eher für Vor- und Nachspeisen zuständig, die Salatmamsell.

In Wien lade ich das Auto aus, transportiere die Sachen nach oben in die Wohnung, währenddessen tratscht Julius mit Johanna im Stiegenhaus. Das Schlimmste ist, dass man das meiner Frau antut, sagt er zu ihr, wie sie mir später erzählen wird, erst die vielen Jahre Mutterpflege, und nun komme ich daher ...

„Sobald die alten Leute der Kreier zu fühlen begannen, daß ihre geschwächten Körper- und Geisteskräfte ihnen nicht mehr verstatteten, dem Vaterland nützlich zu sein, luden sie einander wie zu einem Gastmahle oder einem festlichen Opfer ein, kamen zusammen und leerten bekränzt den Schierlingsbecher."
(Emil Szittya: Selbstmörderbuch, Löcker Verlag, 1985)

8.

Sein vorletzter Tag, Montag, der 16. April.

Nachdem wir auf dem Weg nach Wien alles für das abendliche Essen mit den Kindern eingekauft hatten, besuchten wir noch schnell die Mutter im Pflegeheim. Geh du doch bitte allein hinauf, sagte er, als wir dort angekommen waren, ich mag jetzt nicht dort hineingehen. Diese Trostlosigkeit des Pflegeheims, diese Endstation, ich kann es verstehen, nur das jetzt nicht, dachte ich, auf keinen Fall das. Dann hat er die Scheibe vom Auto heruntergekurbelt und mir zweimal nachgerufen: Grüß die Omschi von mir! Sein Abschied, den ich damals nicht erkannt habe. Als ich wieder herunterkam, lehnte er am Auto, gebeugt, gedrückt, in sich versunken. Ich habe ihn von hinten umarmt. So schnell bist du wieder da?, wunderte er sich.

Ein Alter auf zwei Stöcken

Zu Hause hat er sich müde aufs Sofa gelegt, ferngesehen, und ich habe in Windeseile gekocht, die Kinder waren für 18 Uhr angesagt. Alle waren da, und alle waren pünktlich, was sonst eigentlich nicht der Fall ist. Ich habe alles schön angerichtet, eine Art kalt-warmes Buffet. Die Kinder schleppten den Tisch vom Balkon herein für eine lange Tafel, und so saßen wir vollzählig im Wohnzimmer. Julius lag noch immer auf dem Sofa und schaute nachdenklich in die große Runde. Alle Kinder und Enkelkinder waren da, Gespräche, Witzeleien, Wein, Leichtigkeit, Auseinanderfallen der Gespräche durch unterschiedliche Ansichten und Gemeinsamkeit im Dasein. Die Stimmung war eigenartig gelöst, wir alle wussten, dass am nächsten Tag die Chemotherapie beginnen sollte, und wir waren froh, dass nun endlich etwas Handfestes geschehen würde.

Einmal trafen sich unsere Blicke sehr lange und tief und ich überlegte, was Julius wohl denkt – hat ein Kind wohl wieder einen Blödsinn geredet? Oder wird ihm alles zu viel? Dieser tiefe, dunkle, lange Blick. Die Ewigkeit im Augenblick. Nachträglich glaube ich, es war sein Abschied von mir. Und vielleicht auch sein Vertrauen, das er in mich für die Zukunft dieser Gemeinschaft legte.

Zwischendurch saß Julius mit den Töchtern in der Küche, ich war bei den anderen Kindern und den Enkelkindern im Wohnzimmer, die palaverten, ich sagte nichts, war gefangen in meiner Angst und der Ungewissheit des kommenden Tages. Und doch lag eine gelöste, verworrene und irgendwie bühnenhafte Stimmung im Raum, morgen würde sich alles zum Guten wenden, die Chemotherapie würde beginnen.

Die strenge Regel des Rituals, dass auf Heiterkeit eine Zäsur kommen muss, wurde befolgt. Als würde die Regie von einem Ort geführt, von dem wir nichts wissen.

Später werden mir die Töchter erzählen, dass Julius in der Küche plötzlich geweint und gesagt hat: Ich habe eh schon einen Falken bestellt, der mich auf seinen Flügeln davonträgt. Die Kinder haben sich nichts Schlimmes dabei gedacht, er sagte ja oft sarkastische Dinge, wahrscheinlich ist er traurig wegen seiner Krankheit und ihrer Behandlung, die am nächsten Tag beginnen würde. Eine Tochter meinte zu ihm, geh Julius, es wird alles gut, und er hat sich schnell wieder gefasst.

Julius hat sich dann ins Bett gelegt, und die Kinder und Enkel sind an und auf seinem Bett gesessen, haben geratscht, geredet, ihn umarmt. Vergangenes aus verschiedenen Beziehungen, die schmerzhaft für ihn und für alle waren, wurde in ein gnädiges Licht getaucht und es wurde ihm ins Ohr geflüstert, nun seien alle bereit, alle Beteiligten aus den vergangenen und gescheiterten Liebesbeziehungen, Frieden zu schließen, das sollten sie ihm ausrichten.

Meine Tochter Anja hatte ihm einen Brief für das Krankenhaus geschrieben, in welchem sie ihm ihre Liebe mitteilte und ihren Dank, dass er in all den Jahren so gut zu ihren Kindern war, er, der nicht leibliche Opa, der sich aber wie kein anderer um seine Enkelkinder gekümmert und gesorgt hat. Er wehrte ab. Wollte er das Weiche, die Liebe, schon nicht mehr zulassen? Wahrscheinlich stand schon da sein endgültiger Entschluss fest. Und er wollte durch nichts zurückgehalten werden. Das haben wir nicht erkannt. Nicht erkennen können? Nicht sehen wollen. Wir strebten blind auf den morgigen Moment zu, in welchem sich die medizinischen Wunder der Chemotherapie offenbaren würden.

Als ich spät abends mit meinem Mann über diesen Brief der Tochter geredet und ihn gefragt habe, weshalb er so unbeteiligt reagiert habe, sagte er besänftigend zu mir, dass es ein sehr schöner Brief sei und dass er sich sehr gefreut habe.

Ich habe alles zusammengeräumt, den Geschirrspüler gefüllt, die Essensreste verstaut, sonst haben wir das ja nach den Familienessen immer gemeinsam gemacht: während des Wegräumens das Geschehen Revue passieren lassen, Gedanken über die Kinder austauschen und vielleicht noch ein letztes Glas Wein zusammen trinken. Julius meinte: Na, hast du diesmal alles alleine fertig gemacht? Ich setzte mich zu ihm ans Bett.

Der Abend, von dem ich nicht wusste, dass er unser letzter gemeinsamer sein würde, hatte ihn angestrengt, und doch lag eine seltsame Gelöstheit über allem. Das in langen Jahren geübte Ritual sollte auch diesmal nicht unterbrochen werden. Wir haben, wie so oft, über die Kinder geredet, über den Abend und wie schön es war, dass alle, wirklich alle, da waren, ausnahmsweise pünktlich, ausnahmsweise wirklich friedlich ohne Sticheleien und Eifersüchteleien. Und wie schön es ist, diese Kinder und Enkelkinder zu haben, die so unterschiedlich sind und die uns aus verschiedenen Beziehungen zugewachsen sind, und dass dies eine Vision für gedachte Zukunft sei: Das Glück, gemeinschaftlich in der Unterschiedlichkeit miteinander leben zu können.

Ich vermute, dieses Essen mit den Kindern war sein Abschied von uns. Über den kommenden Tag haben wir nicht geredet.

„Und nun verändern sich mit einemmal die Bedingungen des Zusammenseins, des Gesprächs: nicht mehr im mehr oder weniger gedämpften Licht eines Lebens, dessen Fortsetzung bis auf weiteres gesichert scheint, und damit auch immer die Möglichkeit, das Defizit noch auszugleichen, dem anderen doch noch näher zu kommen, wie man sich das ja auch oft genug vorgenommen hat; sondern, dramatisch gesagt, im Schlagschatten des Todes, eines fast gewissen Todes, und damit im Fluß einer sehr rasch auslaufenden Zeit."
(Hana Hammerman, Jürgen Nieraad: Ich wollte, daß du lebst.
Eine Liebe im Schatten des Todes, Aufbau-Verlag, 2005)

Unsere letzte Nacht. Nachträglich denke ich: Was hätte ich nicht noch alles tun und sagen sollen, müssen, können, wollen!

Diese Nacht war unruhig. Meine Nähe konnte er nicht mehr zulassen. So sind wir beieinander, aber getrennt gelegen, ich betrachtete seinen verschwitzten Nacken und mir fiel auf, wie schmal er in der letzten Zeit geworden ist. Du hast sicher acht Kilo abgenommen, sagte ich und streichelte seinen grauen Schopf. Seine starken Arme waren dünn, sein Po schmal, nur sein Bauch war groß und aufgebläht und der Nabelbruch war noch stärker als sonst zu sehen. Er hat ja auch nur mehr trockene

Semmeln mit etwas Margarine vertragen. Er hat sich, wie so oft in letzter Zeit, etliche Male nach unruhigem Hin-und-her-Wälzen nachts unter die Dusche gestellt, heiß, kalt, er würde dann besser schlafen können. Sein Schlafgewand hat er öfter gewechselt, den Kopfpolster ausgetauscht, er ist zusammengesunken auf dem Bettrand gesessen, hat um Luft gerungen – und ständig diese Schmerzen links im Bauch.

Noch in Leipzig auf der Buchmesse meinte Julius zu mir, wenn die Schmerzen durch Aspirin C und Tierkohletabletten weggehen, kann es nichts Schlimmes sein. Die vergrößerte Milz, die Flüssigkeit, die sich seit seinem Lungeninfarkt vor vielen

Die Nacht ohne Luft

Jahren zwischen Lunge und Rippenfell angesammelt hat und das Atmen so schwer macht, können nicht wirklich lebensbedrohend sein, denn die Flüssigkeit würde der Körper absorbieren, und man könne auch ohne Milz leben. Und er sprach über seinen Vater: Als er so alt war wie ich heute bin, ist er gestorben, sagte Julius zu mir – Leberzirrhose, obwohl er keinen Alkohol trank und die Eltern sich gesund nach allen möglichen Heilmethoden der Kräuterexperten ernährten. Sie hätten den Vater wahrscheinlich auch falsch behandelt, meinte Julius, und ich sagte zu ihm, obwohl ich es nicht wirklich wusste: Das ist nicht erblich.

Ich wünschte, dass diese Nacht endlich vorüber gehen möge und war froh, dass am nächsten Tag die Therapie, also etwas Konkretes, beginnen würde. Er wird alles gut überstehen, redete ich mir zu. Und ich wusste, dass wir nun sehr viel Kraft brauchen, dass er all meiner Fürsorge bedürfen würde, dass ich liebevoll und aufmerksam würde sein müssen. Nachdem Mutter nun in einem Pflegeheim gut untergebracht ist, würde jetzt die Zeit kommen, wo wir uns um uns selbst sorgen können.

9.

Am nächsten Morgen stehen wir wie immer auf. Seine Schwester aus Salzburg ruft an, er geht nackt zum Telefon und redet mit ihr. So dünn, so verschwindend ist er plötzlich. Zum Frühstück isst er eine Semmel mit etwas Margarine, ich trinke Kaffee, habe keinen Appetit, die Sorge und Angst vor dem, was kommt, drücken uns beide nieder.

Dann also los ins Spital, sagt er. Unten am Lift in unserem Haus treffen wir einen Nachbarn, der sagt: Schnell, ich brauche den Lift, schnell, ich muss dringend aufs Klo, und Julius sagt zu ihm: Und ich muss dringend schnell ins Krankenhaus. Der Nachbar schaut mich irritiert an und ich mache eine vage Handbewegung, es ist etwas Ernstes. Eine schweigende Fahrt, wieder der geschlossene Bahnübergang in der Jagdschlossgasse, dann ein riskanter Parkplatz im Halteverbot am Krankenhausgelände.

Oben auf der Station warten wir sehr lange. Wir sitzen draußen am Gang, schauen den Leuten und dem vorbeihuschenden Personal zu, ab und zu sehen wir den Arzt, der gerade Visite macht. Zwischendurch räume ich Julius' Sachen in dem Zweibettzimmer ein. Sein Zimmergenosse ist ein schweigsamer Mensch, der auf keine Anrede reagiert. Ich werde unruhig, weshalb das lange Warten, diese Folter, es muss sofort und augenblicklich etwas geschehen, ich möchte ins Stationszimmer gehen, mich beschweren. Julius meint: Lass mal, greift meine Hand, und wir sitzen wieder wie bestellt und nicht abgeholt auf dem Gang. Schauen uns an. Es ist nichts zu sagen. Warten, hoffen, denken, jeder für sich in seiner Angst, die wir stur zu ignorieren versuchen. Die Zeit läuft uns davon.

Als ehemalige Krankenschwester kenne ich den Betrieb solcher Häuser. Alles ist in großer Eile. Die hektischen Schritte, neuerdings in modisch-farbigen Clocks, und die übermüdeten Gesichter des Krankenpflegepersonals verraten, dass ihre Dienste mühsam sind. Seelischer Trost für die Angst, hier sterben zu können, ist in diesem Haus nicht zu finden. Dafür sind andere Anstalten zuständig. Hier geht es ums Überleben mit allen Mitteln und Möglichkeiten und eben auch mit allen Unmöglichkeiten einer hochtechnisierten Medizin. Die Kranken verblassen vor den Wichtigkeiten hektisch herumgeschobener Apparate und Infusionsständer. Der Geruch von Desinfektionsmitteln, Essensverteilungen und kranken Körpern verbreitet die unangenehme Gewissheit, dass es hier um Leben und Tod geht. Niemand ist zuständig. Niemand hat Zeit. Ein jeder ist mit dem kleinen überschaubaren Bereich der zu bewältigenden Lebensrettungsaufgaben beschäftigt. Zeit haben nur die Wartenden, deren Zeit in manchem Fall schon abgelaufen ist.

„Je schneller sich die Medizin-Technologie entwickelt, je älter die Menschen sterben, je zahlreicher, komplexer, effizienter die klinischen Interventionsinstrumente werden, desto zahlreicher werden auch die am therapeutischen Prozess beteiligten Personen und desto komplizierter wird infolgedessen der Entscheidungsprozess."
(Jean Ziegler: Die Lebenden und der Tod,
Ecowin Verlag Salzburg, 2011)

Nach etwa vier Stunden kommt die Ärztin und bereitet Julius auf die Chemotherapie vor. Blutdruck messen, EKG, Venenkanüle setzen. Dann kommt der Arzt und bespricht das Kommende.

Die gute Nachricht zuerst, sagt der Arzt, das Knochenmark ist nicht befallen. Die schlechte Nachricht ist, dass, wenn durch die Chemotherapie die tödlichen Zellen in Milz und Magen schnell vernichtet werden, es zu einem Magendurchbruch kommen kann, weil das Lymphom einen Teil der Magenwand bildet. Andererseits müsste die Chemotherapie sofort begonnen werden, weshalb man nicht operieren kann, das heißt, der Magen kann akut nicht herausgenommen werden. Die Ärzte hätten sich folgende Lösung überlegt: Sie setzen einen Portkatheder, mit dem Julius künstlich ernährt wird, damit der Magen ruhig gehalten werden kann und nicht durch unnötige Peristaltik platzt. Ich, seine Frau, könne die künstliche Ernährung zu Hause machen, ich werde eingeschult dafür. Ich frage, woran man erkennt, ob der Magen durchgebrochen ist – unglaubliche Schmerzen, meint der Arzt; was ich tun soll in solch einem Fall – unverzüglich die Rettung rufen, sagt er, keinesfalls selber fahren; wie lange der Katheder drin bleibt – erst einmal für unbestimmte Zeit, später wird er wieder entfernt, erklärt der Arzt. Und ich sage scherzhaft zu meinem Mann: Na, jetzt weißt du, weshalb du eine alte Krankenschwester geheiratet hast.

Julius, am Bettrand sitzend, meint zu dem Arzt: Also, wenn ich es richtig verstehe, ist die Diagnose und die Art der Behandlung kontraproduktiv – was für das eine gut ist, ist für das andere schädlich? Ja, sagt der Arzt. Ich schätze Menschen, die ehrlich und klar wie Sie reden, sagt Julius dann zum Arzt. Und: Jetzt muss ich mich hinlegen. Weil nun das EKG und die anderen Vorbereitungen zur Behandlung gemacht werden, lässt er liegend das Kommende mit sich geschehen, denke ich und bin froh über seine Bereitwilligkeit, sich der ärztlichen Kunst zu überantworten.

Das war meine blinde Täuschung. War er zu diesem Zeitpunkt fest entschlossen, das nicht mit sich geschehen zu lassen? Wo war der Drehpunkt seines Entschlusses, den Tod vor das Leben zu stellen?

Sie geben ihm noch die Blätter zum Unterschreiben, auf welchen die Risiken genannt werden. Die schaue ich mir nicht mehr so genau an, die bekommt man ja vor jeder Operation und als ehemalige Krankenschwester kenne ich das, es ist Routine. Vielleicht hätte ich es aber doch tun sollen, vielleicht hätte ich ihm beim gemeinsamen Ausfüllen der Formulare etwas von seiner Angst nehmen können. Vielleicht hätte ich seine Gedanken in eine andere Richtung lenken können?

Julius sagt zu mir: Jetzt fahr mal los, das Auto steht so schlecht, bevor du abgeschleppt wirst … Ich gehe zur Tür, schaue noch einmal zum Bett und gehe zurück, küsse ihm die Wange, umarme ihn, mach's gut, mein Alter, sage ich, wir schaffen das, ganz sicher, es wird nun aufwärts gehen. – Kommst du morgen?, fragt er mich. – Aber sicher, sage ich.

Es war das letzte Mal, dass ich ihn gesehen habe.

Draußen rede ich noch einmal mit dem Arzt, wie hoch das Risiko ist, dass der Magen platzt. Vielleicht fünf Prozent, meint er, man könne das nicht vorhersagen. Ich will eigentlich noch einmal in das Zimmer gehen, in welchem mein Mann auf die Therapie vorbereitet wird, aber ich denke, vielleicht beunruhige ich ihn damit. Und vielleicht störe ich den Beginn der Behandlung. Also lasse ich das. Ich hätte auf mein Gefühl hören sollen. Vielleicht hätte ich Julius abhalten können, diesen letzten Schritt zu gehen. Ich hätte ihn zumindest noch einmal gesehen.

10.

Ich bin von der Onkologie mit einem unendlich traurigen Gefühl weggegangen. Er dort oben, es wird ihn schwächen, vielleicht auch zerstören, aber der banale Spruch „Die Hoffnung stirbt zuletzt" kam mir immer wieder in den Sinn. Mein starker Julius – nun liegt er dort oben und wir wissen nicht, was passieren wird.

Unten war schon der Mann vom Abschleppdienst beim Auto. Eine Leerfahrt müssen Sie zahlen, meinte er. Ich habe gerade meinen Mann dort oben auf der Krebsstation verabschiedet, sagte ich zu ihm und gab ihm ein Trinkgeld. Dann versuchte er, den Abschleppwagen telefonisch zurückzuordern, versprechen könne er aber nichts. Ein mitfühlender Mensch, bis heute ist keine Strafe eingetroffen.

Mit meinen Kindern und den Enkelkindern habe ich für den Nachmittag ein Essen im Restaurant im Schweizergarten verabredet, heute ist ja mein Geburtstag. Dort, in diesem Gastgarten, haben wir immer alles gefeiert – Geburtstage, Pensionierungen, Parteitagsbeschlüsse, Kinderfeste, Buchpräsentationen, und Julius hat meine demenzkranke Mutter immer dorthin ausgeführt zum Topfenstrudelessen ...

Es war schön, mit den Töchtern und Enkelkindern an diesem lauen Apriltag im Freien zu sitzen. Bedrückendes, Nachdenkliches wich mit dem Reden allmählich einer gelösteren Stimmung, in der viel gemeinsam Erlebtes aufgetischt wurde – weißt du noch? Und erinnerst du dich, was er oft erzählt hat?

Als Julius zum Beispiel damals in seiner Wohngemeinschaft in der Badewanne lag, es draußen an der Tür klingelte und die Zeugen Jehovas ein Gespräch mit einem Mitbewohner begonnen hatten, ein langes Gespräch, das Badewasser wurde immer kälter ... Und als Julius nackt zur Eingangstür ging und sagte: Ich bin die Liebe, die Sonne und das Licht! – Woraufhin die Zeuginnen umgehend das Feld räumten.

Oder als Julius ein phallisches Problem mit einem seiner Schüler auf Werkerzieherweise löste – der Bub hatte sich ein Tixoröllchen heimlich in der hinteren Bank über seinen Schwanz gezogen und bekam das nun nicht wieder runter, woraufhin Julius den Hammer holte und sagte: Das werden wir gleich haben, und umgehend wurde das große Problem ganz klein.

Oder als eine Lehrer-Delegation aus der Ex-DDR in seinen Kunstunterricht hereinschneite – Julius hatte die Gemälde von

Arcimboldo mit den Naturalien auf dem Kopf naturgetreu mit Obst und Gebäck und eben auch mit Fischen am lebendigen Objekt nachbilden wollen, nur keiner seiner Schülerinnen und Schüler wollte sich die Fische auf den Kopf setzen lassen. Also setzte er sich die Karpfen und Sprossen aufs Haupt, und als die Delegation ungläubig den Herrn Kunsterzieher unter den Fischen sitzen sah, meinte Julius: Sie hätten Ihren DDR-Führern auch mal öfter Fische auf den Kopf setzen sollen, dann wäre dies alles nicht passiert in Ihrem Land …

Oder wie Julius als junger Lehrer übermütig zu seinen Schülern sagte: Wer traut sich, mir eine Watschen zu geben? Er setzte seine Brille ab, und alle spuckten sich in die Hände, taten, als würden sie sich trauen, tänzelten um ihn herum, doch plötzlich bekam er von einem ganz Kleinen eine saftige Ohrfeige, und Julius sagte ganz überrascht: Aber wer bist denn du, dich habe ich ja noch nie wahrgenommen – das hatte sich nun mit einem Schlag geändert.

Oder die Geschichte mit einer Studentin, die mit blutender Nase durch die Akademie geirrt und schließlich in dem Raum gelandet war, in dem Julius gerade unterrichtete – und er sagte zu ihr: Momenterl, Momenterl, ich muss ganz schnell ein Foto von Ihrem Gesicht machen, wir arbeiten im Kunstunterricht gerade an dem Thema Verletzungen – klick, und dann hat er sie verarztet.

Diese vielen Geschichten von ihm fielen uns ein, sie erlösten uns von der Schwere der Gegenwart. Wir erinnerten uns, dass Julius Geburtstagsfeste oft mit seinen Stegreifreden in Hexameter- oder Jambenform einleitete. Was hätte er mir wohl heute dichtend vorgetragen? Doch er war nicht da, wir vermissten ihn, er lag dort im Krankenhaus und irgendwie waren wir erleichtert, dass jetzt endlich die Behandlung seiner Krankheit beginnen würde.

Dann bin ich nach Hause gegangen, allein, müde, erschöpft, nachdenklich und in Gedanken bei ihm. Was denkt er jetzt, kann er schlafen in dem Krankenzimmer, plagt ihn Angst, ganz sicher doch, wie wird die Chemotherapie wirken, geht das mit der künstlichen Ernährung?

Als wir dort im Schweizergarten zusammensaßen und uns seiner unzähligen Geschichten erinnerten, war es exakt die Uhrzeit, als Julius sich auf die Schienen im Bahnhof Mödling gelegt hat. „17. April 2007, 17 Uhr 09, Mödling, Bahnhofsplatz 10, Bahnhofsgleis 1, Bahnhofskilometer 15,31" wird später auf der Todesbestätigung stehen.

„Warum hatte er nicht gewartet? Warum gerade heute und ohne Abschied? Der angenehme Gedanke war, dass er den Zeitpunkt selbst gewählt hatte und allein sein wollte dabei. Die unangenehmen Gedanken überwogen. Sie bewegten sich in konzentrischen Kreisen an einen Rand hin und verebbten nicht. Alle wussten, dass es ernst war. Dass es diesmal mit dem Heimkommen dauern würde."
(Eugenie Kain: Flüsterlieder. Erzählungen. Otto Müller Verlag, 2006)

Gegen neun Uhr abends läutet es an diesem Apriltag, meinem 64. Geburtstag, der künftig auch sein Todestag sein wird, unten an meiner Haustür: Polizei, können Sie bitte aufmachen!

Während der Polizist die Stiegen hinaufstapft, überlege ich, was es sein könnte – das Auto? Zeugenaussage zu einem Unfall? Mein Mann und ich hatten einmal vorübergehend einen illegalen Ausländer nach dem Jugoslawienkrieg bei uns beherbergt – das? Die Kinder? Mir fallen längst vergangene Geschichten ein, wann war jemals die Polizei bei uns? – Mein Mann? In meinem Kopf jagt ein Gedanke den nächsten. Und dann ist der Polizist oben an meiner Wohnungstür: „Frau M...? Ihr Gatte heißt ...? Geboren am ...? Er hatte eine gelbe Jacke an?" – „Ja, ja, aber was?" – „Ich muss Ihnen die traurige Mitteilung machen, dass Ihr Mann sich heute um 17 Uhr umgebracht hat." - „Wie bitte??? Was???" – „Er hat sich vor einen Zug geworfen."

„In den Industrieländern ist der Suizid über alle Lebensalter hinweg die zehnthäufigste Todesart. Im Alter von 10 bis 14 Jahren steht die Selbsttötung an 7. Stelle, im Alter von 15 bis 24 Jahren sowie im Berufsalter der Frauen an 3. Stelle, im Berufsalter des Mannes rangiert sie an 2. Stelle in der Statistik der Todesursachen."
(Manfred Otzelberger: Suizid. Das Trauma der Hinterbliebenen.
Erfahrungen und Auswege, Ch. Links Verlag, Berlin, 1999)

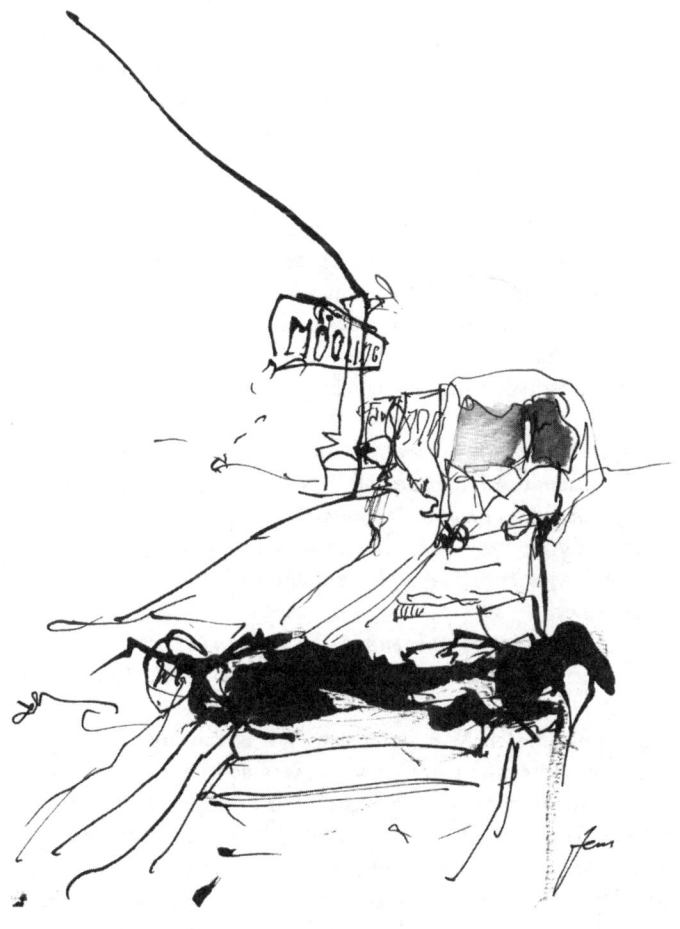

Bahnhof Mödling

Teil II

1.

Was hatte sie gefühlt? Was gedacht? Dass es nicht wahr sein kann, dass ein Strudel sie hinunterzieht, dass es unmöglich ist, nein, er macht das nicht, nicht auf diese Weise, er würde sie nicht alleine lassen, wieso, wieso, wieso, ein schwarzes Loch tat sich auf, in das sie nicht zu blicken wagte. Was sagte der da gerade? Was machte der in seiner Polizeiuniform in ihrer Wohnung? Was will denn der? Er kann doch gar nicht *sie* meinen, ein Irrtum, dachte sie, eine dumme Verwechselung. Doch je mehr sie versuchte, die Zeit zu einem geschützten, warmen Ort zurückzudrängen, desto unerbittlicher griff Kälte nach ihr.

Ich kann Sie jetzt nicht alleine lassen, sagte der Polizist zu B., ein hilflos netter Mann, der seine Dienstmütze unentwegt in den Händen hin und her drehte, er habe auch einen Neffen gehabt, der an Leukämie gestorben sei, er könne das nachfühlen ... Haben Sie jemanden, der zu Ihnen kommen kann?, fragte er, Sie können jetzt nicht alleine bleiben.

„Daß die Polizei allen Grund hat, sich auch intern mit dem Thema Suizid auseinanderzusetzen, zeigt die Tatsache, daß unter Polizisten eine erhöhte Suizidrate vorkommt. Es gibt bei ihnen fast keine Suizidversuche, weil sie mit der Dienstwaffe perfekt umgehen können. Wie viele Polizisten sich jährlich umbringen, kann niemand genau sagen."
(Manfred Otzelberger: Suizid. Das Trauma der Hinterbliebenen.
Erfahrungen und Auswege, Ch. Links Verlag, Berlin, 1999)

Sie trat neben sich. War außer sich. Wie ist das mit dem Tod neben sich? B. wusste nicht wirklich, was sie in Sekundenschnelle wie in einem zu rasch abgespulten Film fühlte. Blankes Entsetzen, ja, Angst, dann Versteinerung, kühle Überlegung, was nun zu tun sei. Keines der Gefühle war ihr jemals in dieser Wucht und Unausweichlichkeit begegnet. Ein Mechanismus fing in ihr zu wirken an, den man als eisige Erstarrung bezeichnen könnte. Als zögen sich die Gefühle einbetoniert in ein bunkerhaftes

Schutzsystem zurück, zu dem es keinen Zugang gibt, und der Kopf vollrichtet mechanisch das Notwenige.

Die Kinder anrufen, jetzt, sofort.

Die Kinder waren entsetzt. B.s älteste Tochter kam sogleich mitten in der Nacht zu ihr in die Wohnung, um die beiden Enkelkinder, die in B.s Mann immer ihren „richtigen" Opa sahen, kümmerten sich inzwischen die andere Tochter und deren Partner. Ruhe, Ruhe, keine Panik, mit äußerster Kraft den Kleinen Ruhe vermitteln, fürchtet euch nicht, ich bin bei euch.

Rundum unfassbares Entsetzen. B. rief die Tochter ihres Mannes aus einer vergangenen Ehe an, sein einziges leibliches Kind – die schrie „nein-nein-nein" ins Telefon, legte auf. Den Sohn, mit dem ihr Mann in einer früheren Beziehung viele Jahre zusammengelebt hatte, rief sie an, sie funktionierte wie ein Automat und dachte, sie müsse es ihnen allen gleich und sofort sagen, bevor sie es in der Früh in der Zeitung lesen würden. Sie telefonierte mit diversen Leuten, der Schwester ihres Mannes, was dann weiter geschah, entzieht sich ihrer Erinnerung. Nur dass plötzlich alle bei ihr waren, dass geredet wurde, sie sich gegenseitig getröstet haben, die verstörten Augen der Kinder, die tränenüberströmten Gesichter der Enkelkinder, die das Unfassbare zu verstehen versuchten, aber die Gespräche waren auch später wie ausgelöscht, sie erinnert nur eine große Leere.

Unmerklich fand in ihr eine Umkehrung statt. Je weiter sich jegliches Gefühl von ihr entfernte, desto klarer wusste sie: Jetzt müsse sie die Stärkere sein, sonst würde sie mit ihrer Trauer in einen Strudel hineingezogen werden, der sie alle vernichtet.

Die Kinder und Enkelkinder hatten Kerzen angesteckt, Tee gekocht in der Küche, alle waren geschockt, vor allem die Kleinen, ihr Opi, ihr geliebter Opa, hilflose Fassungslosigkeit … Sie stand wie ein Eisblock vor dieser weinenden Traurigkeit ihrer Familie, nur das konnte sie denken: Nicht fallen lassen, sie müsse ihnen Halt geben, sie müsse ihnen zeigen, dass das Unmögliche zu fassen sei, so wie sie das auch während der kurzen Krankheit ihres Mannes gedacht hatte und gescheitert war. Innerlich war sie erstarrt und abgestorben für jede Empfindung, würde sie jetzt ein Gefühl zulassen, würden alle Dämme brechen und sie alle fortschwemmen. Es entstand so etwas wie ein innerer Trotz in ihr, sich nicht vernichten zu lassen. Später sollte sie oftmals hören, dass ihre Stärke viele beeindruckt habe, aber es war äußerste Notwehr, reinste egoistische Selbsterhaltung, sich diesem Vernichtungsstrom nicht ausliefern zu wollen. Alles war gestorben. Sie war nicht mehr sie. Sie funktionierte als eine andere, die sie nie gewesen war. Doch in diesem innerlichen Verlöschen blieb ein kleiner Funke, der sie am Leben hielt.

All das geschah an ihrem 64. Geburtstag. Dass sie ihn als Witwe erleben würde, wäre ihr am Morgen nicht in den Sinn gekommen.

B. konnte sich nicht erinnern, ob sie oder jemand anders ihre Freundin Elisabeth noch am selben Abend angerufen hatte, jedenfalls meinte diese, dass B. nicht in der Wohnung bleiben könne, morgen Früh würde sie kommen, um B. abzuholen und mit zu sich in ihre Wohnung zu nehmen. Unmöglich, meinte ihre Freundin, in der Wohnung mit all den Erinnerungen zu bleiben.

Die Tochter ihres Mannes hatte nach dem ersten Schock „nein, nein, nein" ins Telefon geschrien und den Hörer aufgelegt, aber dann ganz sachlich gehandelt: Eine Bekannte von ihr arbeite in der psychologischen Akutbetreuung, sagte sie später, und sie könne organisieren, dass B., die Kinder und Enkelkinder sofort betreut würden.

Am nächsten Tag, nach einer schlaflosen, angstgetriebenen Nacht, läutete in der Früh das Telefon und jemand vom Krankenhaus fragte, ob ihr Mann zu Hause sei. Er hätte abends auf dem Krankenhausgelände noch einen Spaziergang machen wollen, erfuhr sie vom Krankenhauspersonal, und nun sei er nicht in seinem Zimmer. Nein, er ist nicht hier, sagte sie, und er kommt auch nie wieder nach Hause. Am Ende der Leitung Entsetzen und Ratlosigkeit.

An diesem Tag regnete es.

2.

Ihre Freundin Elisabeth nahm sie mit zu sich nach Hause. Du musst in eine andere Umgebung, meinte sie, überall siehst du seine Spuren, das hältst du nicht aus. B. packte ein paar Sachen und ließ sich fortführen in ein Nirgendwo.

Die Freundin richtete in ihrer Wohnung ein Bett für sie her und meinte, sie könne so lange dort wohnen wie sie mag, sie würde einen Schreibtisch für B. ins Zimmer stellen, damit sie ihren Laptop aufstellen könne. Das waren Nachrichten aus einer verlorenen Welt. Sie konnte keinen Schlaf finden, verdrängte Bilder, die hochkommen wollten. Dann fing sie an zu telefonieren, den vielen Freundinnen und Bekannten Bescheid zu sagen, beantwortete Fragen, die sie selbst nicht verstand, lag im Bett in einem fremden Zimmer mit fremden Gerüchen und Geräuschen, und sie wusste plötzlich ganz klar, dass sie nach Hause gehen musste. Es drängte sie zu ihren Kindern und Enkelkindern und in ihre Wohnung mit all den gegenständlichen und sinnlichen Beweisen eines bis jetzt gemeinsamen Lebens. Das würde sie schützen vor dieser unsagbaren Verlorenheit.

Sie war ihrer Freundin sehr dankbar für die Hilfe, sie wusste aber plötzlich sehr genau, dass sie sich dieser Situation stellen musste und nicht durch Rückzug entziehen würde. Ihre Tochter holte sie ab und bot an, mit ihren Kindern in die Wohnung der Mutter zu kommen und so lange, wie sie es brauchen würde, zu bleiben.

„Wichtig ist das Gefühl für den Trauernden, dass er so starr, so empfindungslos sein darf, wie er ist, und dass es ihm niemand vorwirft, wenn er jetzt keine Tränen hat. Diese Empfindungslosigkeit entspringt ja nicht einer Gefühllosigkeit, sondern einem Gefühlsschock. Der Trauernde ist unter dem einen starken Gefühl ‚erstarrt'."
(Verena Kast: Trauern. Phasen und Chancen
des psychischen Prozesses, Kreuz Verlag, 1999)

B. kam heim in eine andere Welt. Alles war wie gewohnt an seinem Platz, aber als hätten unsichtbare Hände Details verschoben, traf ihr Blick auf verborgene Winkel, die in der Routine des Täglichen unsichtbar geworden waren: das Türschild, das ihr Mann geschrieben hatte; der Zeitungshalter im Klo, den er mit seinen Studierenden angefertigt hatte; das kleine Holzschiff über dem Spiegel an der Wand, das er mit den Enkelkindern gebastelt hatte; der offene Terminkalender auf dem Schreibtisch mit den Eintragungen für die nächsten Behandlungstermine und die geplante Ausstellung; der Kühlschrankinhalt vom letzten gemeinsamen Einkauf; die an ihn adressierte Post im Briefkasten; sein Rasierzeug im Bad; die Tixoreste für die Luftballons über dem Türrahmen, die er aufgehängt hatte und die vom letzten Geburtstagsfest des Enkelkindes kleben geblieben waren; die chromversiegelte Sitzbank aus den 1930er Jahren, die sie bei einem Trödler voller Freude erstanden hatten. Und seine farbenfrohen, sinnlichen Bilder an den Wänden.

Ihre Freundin Elisabeth meinte, gerade das würde sie nicht ertragen können. Aber gerade das war es, das ihr eine Orientierung gab.

Im Briefkasten lag ein Schreiben vom Krankenanstaltenverbund, datiert vom 16. April, adressiert an ihren Mann. Sie öffnete es: „Vor einigen Tagen sind Sie aus unserem Spital entlassen worden. Wir hoffen, dass sich der Aufenthalt bei uns auf Ihren Gesundheitszustand positiv ausgewirkt hat. So wie jedes andere Unternehmen Informationen von seinen Kunden braucht, sind auch wir auf Rückmeldungen unserer Patienten über ihren Krankenhausaufenthalt angewiesen. Diese Informationen sind nötig, da wir auch in Zukunft alles daran setzen wollen, unser Ziel zu erreichen: Die besten Voraussetzungen für die rasche Genesung unserer Patientinnen und Patienten zu schaffen. Wir bitten Sie daher, uns ihre persönlichen Eindrücke über Ihren Aufenthalt mitzuteilen, indem Sie den beiliegenden Fragebogen ausfüllen und an uns zurücksenden ... Für Ihre Mühe bedanken wir uns herzlich! ... Mit den besten Wünschen für Ihre Gesundheit ..."

B. legte den Brief beiseite. Er traf sie unvorbereitet. Zwischen Vergangenem und Zukünftigem gab es keine Verbindung mehr.

Die Gegenwart war eine gläserne Brücke, die eingestürzt war.

In der Wohnung war unterdessen die Psychologin von der Akutbetreuung der Gemeinde Wien angekommen und betreute die Kinder und Enkelkinder. Das sei für alle ganz wichtig gewesen, wurde ihr später gesagt, vor allem für die Kleinen, die noch nie Trauer in diesem Ausmaß erlebt hatten.

In der Küche hantierte Sissy, ihre Freundin aus dem Waldviertel. Noch vor Kurzem hatte B.s Mann die Pläne für deren Hausumbau unterschrieben mit der Vision, gemeinsam mit ihnen am Land alt zu werden. Sissy kochte Hühnersuppe für alle. Plötzlich wie in einem leise summenden Bienenstock waren so viele Menschen um sie herum, die sich alle um sie kümmerten, die trauerten und weinten, unfassbar, dass er, der Freund, der Geliebte, der Mann, der Opa und Vater nicht mehr da sein sollte.

Ihre Tochter schirmte sie vor den vielen Telefonanrufen ab, die eintrafen.

Sie lag als Eisblock im Zimmer neben der Küche. Dort hatte bis vor Kurzem ihre demenzkranke Mutter gewohnt. Seit ein paar Wochen wurde sie in einem Pflegeheim betreut. In das Bett im Schlafzimmer konnte sie sich nicht legen, dort waren die Gemeinsamkeiten mit ihrem Mann zu gegenwärtig. So legte sie sich in das Bett der Mutter, das sie auf seltsame Weise beschützte. Sie sah die Überbleibsel, die ihre Mutter nicht ins Pflegeheim hatte mitnehmen können: den vertrauten Bademantel, die Familienfotos auf dem Nachtkasten, die ausgetretenen Hausschlapfen, die Medikamentenschachteln, das Stofftier der alten Frau, das sie in den Phasen ihrer geistigen Abwesenheit gedankenverloren gestreichelt hatte.

Während sie diese Dinge betrachtete und die Stimmen aus der benachbarten Küche zu ihr drangen, löste sich langsam der innere Eisblock und überschwemmte sie. Endlich konnte sie weinen. Die Gegenwart trat als Woge über die Ufer und es war ungewiss, ob sie darin ertrinken oder schwimmen würde. Und während sich die Starre löste, rang sie nach Luft, nahm sie ihren immer schneller schlagenden Puls wahr, griff vernichtende Angst nach ihr, in ihren Ohren breiteten sich Pfeifgeräusche aus, ihre Hände flatterten, das Herz jagte.

Der Tinnitus würde sie beharrlich durch ihr künftiges Leben begleiten wie eine Sirene, die nicht abgestellt werden kann, mal kräftiger wie ein Nebelhorn, mal leiser wie Grillenzirpen, aber der Ton sollte wie ein akustisches Mahnmal in ihrem Kopf verankert bleiben.

B. rief Susi an, eine Freundin und Ärztin, die sofort kam und sie versorgte: Blutdruck zu hoch, ja, aber es ist alles in Ordnung, sagte sie beruhigend, alles ist gut. Die Ärztin gab ihr ein blutdrucksenkendes Mittel aus der Medikamentenschachtel ihrer Mutter, das könne nicht schaden, sie hielt B.s Hand, redete behutsam über ihren Mann, über Vergangenes, über seine Krankheit, dass er eine für sich richtige Entscheidung getroffen habe, die für alle schwer zu akzeptieren sei, sie könne das verstehen. B.s Mann habe für sich entschieden, ein mutiger Schritt, er habe schon gewusst, woher er diese Stärke genommen habe. Er war ein intelligenter Mensch, der sich seiner Lage bewusst war.

Die vertrauten Geräusche aus der Küche nebenan, das Geklapper der Töpfe, der Geruch der Suppe, die gedämpften Stimmen, Susis Ärztinnenhand an ihrem Puls und ihre Worte hatten etwas Beruhigendes.

„Bei vielen Suizidopfern handelt es sich um sozial überdurchschnittlich engagierte, intelligente Menschen, die sich selbst unter starken Druck gesetzt haben. Viele stammen aus den sogenannten Helferberufen. Oft zeigten sie dort großes Verantwortungsbewußtsein, litten aber unter posttraumatischen Belastungsstörungen, die erst seit den 80er Jahren als Krankheit anerkannt werden."
(Manfred Otzelberger: Suizid. Das Trauma der Hinterbliebenen. Erfahrungen und Auswege, Ch. Links Verlag, Berlin, 1999)

Ihre Kinder hatten alle Kerzen, die sie in der Wohnung fanden, aufgestellt und angezündet. Die besonders große Kerze wurde bis zur Beerdigung am 3. Mai nicht ausgelöscht. Sie brannte Tag und Nacht und verbreitete ein flackerndes Licht, das nachts die Gespenster rief, die an den Wänden entlanghuschten.

Auch die nächste Nacht war für sie schlaflos. Sie telefonierte mit der Akutbetreuung und bat, dass jemand sie nach Mödling auf die Polizeistation begleiten solle, um die Sachen ihres Mannes und die Todesbestätigung von der Ärztin abzuholen.

Das war Donnerstag, der zweite Tag nach seinem Freitod.

3.

B. und die psychologische Akutbetreuerin fuhren mit einem Auto der Magistratsabteilung nach Mödling auf die Polizeistation. Ihre Tochter Anja und ihr älteres Enkelkind Tatjana bestanden darauf, sie auf diesem Weg zu begleiten. Auf dem Kommissariat gab ihr der Beamte, nachdem er nach den Daten ihres Mannes gefragt hatte, die gelbe Jacke, die er angehabt hatte, und sie schaute ungläubig, denn das Kleidungsstück war weder zerrissen noch sonst irgendwie beschädigt. Ein Irrtum? Sie fragte, ob nicht doch eine Verwechslung passiert sei, und der Polizist meinte, ihr Mann habe die Jacke ordentlich über das Bahnhofsgeländer gehängt. In der Jackentasche lag die alte Armbanduhr, die ihm sein Onkel zur Kommunion geschenkt hatte – ein wertvolles Schweizer Stück, das ihr Mann unzählige Male beim Uhrmacher hatte reparieren lassen, weil die Schüttelautomatik mit den Jahren anfällig geworden war. Diese Uhr liebte er, schon allein wegen ihrer flachen, ästhetischen Form. Die Uhr war unbeschädigt. Der Polizist sagte, ihr Mann sei nicht gesprungen, sondern er habe sich auf die Schienen eines ICE-Zuges gelegt an einer Stelle, die man vom Bahnsteig nicht so einsehen kann. Diese Schilderungen zogen wie eine dunkle Wolke an ihrem Bewusstsein vorbei. Sie verdränge die Bilder, die auftauchen wollten. Ist jemand zu Schaden gekommen?, fragte sie noch. Nein, nur der Lokführer habe einen Schock erlitten, wurde ihr mitgeteilt. Dann wurde ihr eine Plastiktüte mit dem Ausweis, der E-Card ihres Mannes und etwas Geld ausgehändigt. Sie verstand nicht recht, schaute auch nicht genau hin, was sie in Händen hielt, wunderte sich kurz, weshalb die Behörden einen so angeschmierten Nylonsack für seine Sachen genommen haben, die Geldscheine, die sie verschwommen durch die Plastikhülle sah, hatten eine eigenartige Farbe. Sie unterzeichnete den Empfang der Dinge. Die Polizisten wickelten alles routinemäßig ab, sie wussten wohl nicht recht, wie sie mit der Situation umgehen sollten, waren anscheinend auch irgendwie froh, als das alles endlich erledigt war und sie draußen waren.

„Rund 1.000 Schienentote gibt es pro Jahr, statistisch gesehen fährt jeder Lokführer einmal in 15 Berufsjahren einen Menschen tot, in der Realität gibt es aber leider Lokführer, die das schreckliche Erlebnis ein Dutzend Mal erleiden mußten. Die furchtbaren Bilder verfolgen sie."
(Manfred Otzelberger: Suizid. Das Trauma der Hinterbliebenen.
Erfahrungen und Auswege, Ch. Links Verlag, Berlin, 1999)

Danach der Gang zur Amtsärztin um die Ecke, die den Totenschein ausstellte. Die Ärztin war amtsmäßig mit dem Tod eines Menschen befasst, der B. der Nächste war. Todesursache? Wann? Wo? – Sachliche Fragen ohne Anteilnahme. Aber vielleicht war diese Nüchternheit ja auch überlebenswichtig, um die vor den Gefühlen errichteten Schranken als Schutz aufrecht zu halten.

Mit dem schnell ausgestellten Totenschein, Todesursache Suizid, zogen sie ab und setzten sich auf den Mödlinger Hauptplatz, weil das Magistratsauto eine Panne hatte und sie auf ein neues Auto warten mussten. Sie tranken Kaffee, die Enkelin schleckte Eis, und wieder ein so schöner Frühlingstag. Das wäre *ihr* Wetter gewesen, um in ihr Bauernhaus ins Waldviertel zu fahren. Wahrscheinlich würden die Krokusse blühen und das Gras müsste bald geschnitten werden. Sie saß mit den Kindern und der psychologischen Akutbetreuerin auf dem Mödlinger Hauptplatz in der warmen Sonne, und ihre Gedanken verirrten sich in eine Zeit vor der Zäsur durch den Tod.

Wieso Mödling?, dachte sie. Was hatte er dort gesucht? Was hat er dort erinnert? Waren es die paar Spaziergänge, die sie in den Weingärten dieser Gegend unternommen hatten? Auf diese Fragen, die ihr auch von der Polizei gestellt wurden, hatte sie keine Antwort.

Ihre Tochter meinte später, vielleicht wollte er, dass Niederösterreich sein letzter Ort sei und er also nicht in Wien oder seiner Herkunftsstadt Salzburg begraben werden wollte, sondern im niederösterreichischen Waldviertel. Der Wiener Zentralfriedhof war ihm immer unangenehm, wie oft waren sie, je älter sie wurden, gemeinsam dort, um sich von Freunden zu verabschieden. Vielleicht war aber alles auch sehr einfach zu erklären: Die Bahnverbindung vom Spital dorthin war unkompliziert, und auf

Mödlinger Hauptplatz

dieser Strecke fuhren auch die schnelleren Züge. Woher aber hat er gewusst, wann und wo die schnelleren Züge fahren? Hatte er sich schon viel früher darüber informiert?

B. erinnerte sich an einen Spaziergang in dieser Gegend, und oben am Berg in einem Restaurant sahen sie eine große Fünfliterflasche Wein als Zierrat über der Sitzbank stehen: Sie sah die Aufschrift „Krug" auf der Weinflasche, so heißt auch ihr Ort im Waldviertel; und er sah die erotische Zeichnung auf dem Etikett, die fast von ihm hätte sein können. Sie schauten sich an und lachten. Und fragten den Wirt, wo der Weinhauer zu finden sei. Sie fuhren in den Ort, um diese sinnbildlich gewordene Weinsorte, die noch dazu köstlich schmeckte, zu kaufen. Die Weinhauersleute – die reichsten im Ort, wie sie später erfuhren – waren nicht zu Hause, aber deren Tochter, etwa zehn oder zwölf Jahre alt, trafen sie an. Das Mädchen telefonierte mit den Eltern, ob sie den Fremden Wein verkaufen dürfe und erkundigte sich nach dem Preis. Sie kauften eine größere Menge zu einem stolzen Preis, und zu Hause merkte ihr Mann, dass das Mädchen sich verrechnet hatte, zu ihrem Nachteil. Er, der Pädagoge, meinte, das Mädchen würde mit ihren Eltern Schwierigkeiten bekommen. Also rief er dort an und sagte: Sie haben sich verrechnet. Die Weinhauersleute reagierten empört, verrechnet? Wir? Nie und nimmer! Und ihr Mann sagte: Ja, aber zu ihrem Nachteil, ihnen würden an die 100 Euro fehlen. Die Weinbäuerin reagierte patzig und sagte: Ja dann überweisen Sie das halt umgehend, und nannte ihre Kontonummer. Natürlich, sagte ihr Mann nur. Jetzt war B. empört: Statt Dank für Ehrlichkeit solch eine Großmäuligkeit? Sie füllte den Erlagschein aus und zog zehn Prozent Finderlohn von der Summe ab. Das fand ihr Mann kleinlich. Ihm wäre die Reaktion „gibst du mir rechts einen Backenstreich, halte ich meine linke Wange hin" adäquater erschienen. Der Stolz seiner Haltung wurde ihr erst viel später bewusst: Sie hatte sich auf die gleiche unwürdige Ebene wie die Weinhauersleute begeben und eingelassen auf ein von ihm verachtetes Wertesystem: Auge um Auge, Zahn um Zahn.

Als das ausgetauschte Magistratsauto kam, fuhren sie in das Krankenhaus. Das Spital hatte ja angerufen – zuerst, ob ihr

Mann bei ihr zu Hause sei, und später, dass seine Sachen abzuholen seien, darunter auch ein paar Abschiedszeilen in einem Buch.

„In einer Untersuchung über die Einstellung des Pflegepersonals zu suizidalen Menschen stellte sich folgendes heraus: Berufserfahrene Krankenschwestern und -pfleger tendieren zur inneren Distanzierung von Suizidpatienten, delegieren den Umgang mit ihnen vergleichsweise rascher an Fachleute und neigen dazu, diese Menschen eher als ‚Versager' abzustempeln. Berufsanfängerinnen sind dagegen deutlich offener und sensibler."
(Manfred Otzelberger: Suizid. Das Trauma der Hinterbliebenen. Erfahrungen und Auswege, Ch. Links Verlag, Berlin, 1999)

Und wieder stieß B. auf Personen, die absolut nicht umgehen konnten mit solch einer Situation. Die Stationsärztin verschanzte sich hinter einer Abwehrhaltung. Sie habe keinen Dienst gehabt, beteuerte sie, Moment, ich rufe den verantwortlichen Arzt. Und weg war sie. Der kam aber nicht. Und so wartete die kleine Gruppe, bis schließlich eine andere Ärztin aus einer anderen Abteilung eintraf. Ob sich denn in den letzten vier Stunden vor dem Tod ihres Mannes noch etwas Wesentliches an der Diagnose geändert habe, irgendetwas, das ihn in Panik gebracht haben könnte, fragte B. die Ärztin, eine jüngere, sympathische Frau. Die Ärztin blockte ab, schaute sie nicht an, wandte sich mit ihren Antworten nicht an B. als Hauptbetroffene, sondern an die Begleitperson vom Magistrat. Der weitere Dialog wurde zwischen der Psychologin von der Akutbetreuung und der Ärztin geführt. B. stand wie ein Schulkind daneben, jedes weitere Gespräch und jede neue Frage schienen zwecklos. Ein paar hilflose Versuche, Genaueres zu erfahren, wurden beharrlich ignoriert. Vielleicht hat die Ärztin Angst, dass ihr ein Prozess angehängt wird, dachte B.. Dabei wollte sie nur nach Erklärungen suchen, was ihren Mann in den letzten Momenten seines Lebens bewegt haben könnte. Wahrscheinlich ist die Ärztin mit dieser Situation überfordert, überlegte sie, anders konnte sie sich deren Verhalten nicht erklären.

Das fand B. sehr eigenartig: Menschen, die täglich so nah am Tod arbeiten – im Spital, auf der Polizeistation, beim Amtsarzt –

wehren ab durch routinemäßige Behandlung eines Problemfalles, vielleicht ist das der technische Zugang zum Sterben, dachte sie. Und vielleicht ist das der Schutzschild, unter dem diese Menschen so nah am Tod überhaupt arbeitsfähig bleiben? Es traf sie dennoch unerwartet schmerzvoll, dass sie in dieser Situation, die ihr sehr viel an Haltung abverlangte, wie eine Unmündige, schlimmer noch, wie eine nicht Vorhandene behandelt wurde.

"Wegen mangelnder Sorgfalt wurden Ärzte, die ihren Patienten einen Vertrauensvorschuß gegeben hatten, von den Verwandten des Toten wegen fahrlässiger Tötung angeklagt, wenn die Patienten diesen Freiraum zum Suizid genutzt hatten."
(Manfred Otzelberger: Suizid. Das Trauma der Hinterbliebenen. Erfahrungen und Auswege, Ch. Links Verlag, Berlin, 1999)

B. nahm die Sachen ihres Mannes in Empfang, unterschrieb, wie auch auf der Polizeistation, für die Dinge, die sie mitnahm. Sie hielt ein Buch in den Händen. Auf dem grauen Leinenumschlag war ein aufgemalter schwarzer Pfeil, der nach unten deutete, drinnen eine Widmung seiner Tochter, von der er das Buch einmal geschenkt bekommen hatte: „Back to the roots! Alles Liebe …"

Als sie dann am Abend zu Hause diese Plastiktüte aufmachte und sich deren Inhalt anschaute, brach über sie herein, was sie auf der Polizeistation wohl nicht hatte zulassen wollen: Sie zog den Ausweis ihres Mannes heraus, sein Foto schaute sie an, mehrmals geknickt und blutverschmiert; seine Plastik-E-Card war in Einzelteile zerlegt, ebenfalls die Scheckkarte; die Geldscheine waren blutgetränkt und von einer erschreckend unwirklichen Farbe; ein Ambulanzkärtchen vom Krankenhaus lag bei den Habseligkeiten. Und ein Stanleymesser. Wozu das? Hatte er vielleicht eine andere Todesart überlegt? Oder gar zusätzlich angewendet? Entsetzt betrachtete sie all diese Dinge und konnte es nicht fassen, dass dies die letzte Botschaft von ihm sein sollte. Und wieder verdrängte sie das aufsteigende Bild dessen, was sich wohl dort am Bahnhof abgespielt haben mochte.

Seine Uhr in ihren Händen tickte.

Als sie schließlich das Buch aufschlug – „Die sterbenden Europäer" von Karl-Markus Gauß –, brachen alle mühsam errichteten Dämme zusammen, die sie sorgsam vor ihren Gefühlen errichtet hatte. Sie las eine Aufforderung, die an sie gerichtet war.

„*Meine Liebe!*
meine große Liebe
Wenn zwei Körperteile
durch ihre jeweilige
Heilung den Tod des
anderen bewirken,
ist das eine klare
Botschaft – lebe wild
und gefährlich
ich umarme Dich ..."

Diese Liebeserklärung ihres Mannes, schon im Reich des Todes angekommen, traf sie mitten ins Herz. Seine Konsequenz des Weggehens, er, der das Leben liebte, die Beharrlichkeit seiner Überzeugung, die er sich auch von ihr nicht nehmen ließ, er, schon auf der anderen Seite im Schatten, teilte ihr seine Liebe als möglichen Weg mit – wie sehr hatte sie ihn plötzlich verstanden! Wie deutlich hatte sie nach diesen Zeilen erkennen können, dass nicht Panik oder Kopflosigkeit, sondern Verstand und Liebe ihn zu diesem Schritt bewogen haben. In all dem großen Schmerz dennoch so etwas wie Trost, nein, eher Ruhe, denn die Vorstellung, er hätte sich in Panik davongemacht, wäre ihr unerträglich gewesen.

Oder wollte er sie nur trösten mit diesen Worten und in ihm spielte sich etwas ganz anderes ab? Wie gut kannte sie denn ihren Mann wirklich? Machte sie sich etwas vor?

In dieser Nachtstunde fielen ihr so viele Dinge ein, die sie hätte tun sollen und nicht getan hat. Zum Beispiel hätte sie ihm deutlicher ihre Liebe zeigen müssen, weniger empfindlich hätte sie sein sollen, versöhnlicher, umgänglicher, nachsichtiger. Jetzt, nachdem er tot war, konnte sie ihm nur noch diese Gedanken hinterher tragen, mehr konnte sie nicht tun. Sie erinnerte sich an seinen tiefen dunklen Blick am Vorabend seines Todes, sie hatten sich sehr lange über die Kinder hinweg angeschaut – sie hätte diesen Blick anders deuten müssen. Das war sein endgültiger Abschied von ihnen. Warum konnte sie ihn nicht zurückhalten? Was hätte geschehen müssen, um ihn aufzuhalten?

4.

Ihre Tochter zog mit den beiden Enkelkindern und dem Kater Eberhart zu ihr in die Wohnung. Die 16-jährige Tatjana befand sich gerade in ihrer Selbstfindungsphase, sie hatte für sich – vorübergehend – die Rolle als „Emo" entdeckt: schwarzgefärbte Haare, schwarzumrandete Augen, schwarze Kleidung, schwarzer Nagellack, schwarze Musik, alles sehr passend, bis auf das Handyklingelzeichen. „Warum bin ich so fröhlich, warum bin ich so fröhlich, warum bin ich so fröhlich, so fröhlich wie noch nie", läutete es mehrmals am Tag. Die Routine mit den Enkeln tat ihr gut. Morgens aufstehen, Frühstück zubereiten, die Schulbrote herrichten, immer wieder Gespräche mit der Tochter, der es auch guttat, als Alleinerzieherin etwas entlastet zu sein von den täglichen Notwendigkeiten wie Hausaufgaben der Kinder anschauen, Wäsche waschen, unter Zeitdruck pünktlich von der Arbeit heimkommen und Essen kochen. Die täglichen Handgriffe verliehen ihr das Gefühl von Verlässlichkeit. Und wenn Kater Eberhart morgens, nachdem die Kinder aus dem Haus waren, um ihre Füße strich, fühlte sie sich weniger einsam.

Die Tage nach dem Tod ihres Mannes verbrachte B. an ihrem Computer und tippte die Adressen ihres gemeinsamen Freundeskreises ein. Sie durchforstete alle Adressbücher ihres Mannes, um niemanden zu vergessen. Sie hätte noch einmal nach Mödling fahren müssen, um mit der amtsärztlichen Todesbestätigung all die Dinge vom Standesamt wie das Totenbuch usw. abzuholen. Die Psychologin von der Akutbetreuung erwirkte, dass ihr das erspart blieb. In dieser Zeit erlebte sie, wie wunderbar es ist, einen großen Freundeskreis zu haben, wie wichtig Solidarität ist, wie erleichternd es ist, die Hilfe anderer Menschen annehmen zu dürfen.

Die Frauen ihrer Frauengruppe hatten sich angeboten, die Parte-Briefe zu vervielfältigen und auszusenden. Heidi und Claudia saßen an diesem strahlenden Frühlingstag zusammen mit ihr auf dem Balkon, sie gingen die Adressenlisten durch, und plötzlich schwebte ein Falke hoch oben in unbeirrbarer Bahn am blauen Himmel.

Die Kommunistische Partei Österreichs, für die ihr Mann einige Zeit die Funktion als Bundessprecher ausübte, schaltete ein Inserat in einer Tageszeitung und übernahm die Kosten für die Aussendungen; ihre jüngere Tochter und Thea, eine Freundin, befreiten sie von den täglichen Mutterbesuchen im Pflegeheim; eine andere Freundin, Gudrun, übersetzte den englischen Text des Songs *Tambourine Man* von Bob Dylan, der ihr für die Trauerfeier in den Sinn gekommen war; ein Freund, Andi, beriet sie bei den Dingen des Nachlasses, die zu regeln waren; ein anderer Freund, Ossi, ehemaliger Student ihres Mannes und Bildhauer, bot an, einen Stein für ihren Mann zu gestalten; die Psychologin des Magistrats empfahl ihr einen verständnisvollen Herrn vom Bestattungsinstitut, zu dem sie später ihre Freundin Elisabeth begleiten würde; ihre Tochter Anja fragte den Chor „Gegenstimmen", in dem sie sang, ob er auf der Trauerfeier auftreten würde.

So viel Solidarität und konkrete Hilfe!

In diesen Nächten schlief sie schlecht. Ab drei Uhr morgens kamen die Gespenster. Einmal begegnete sie ihrem Mann im Traum. Er kam durch eine Tür und sie wunderte sich, wo er so lange geblieben war. Er winkte ihr in diesem Traum beruhigend zu und gab ihr durch Gesten zu verstehen, nicht weiter zu fragen, er sei doch jetzt da, alles sei gut. Beim Aufsteigen aus diesem Traum umso größer die Verlassenheit.

Die chinesische Medizin sagt, dass sich von drei bis fünf Uhr morgens die Lunge bemerkbar mache, und die stehe für Trauerarbeit. Bei ihrem Mann war es die Zeit, während der er oft keine Luft bekam, einen Apfel aß oder duschen ging – warm und lange kalt –, weil er dann meist noch einmal einschlafen konnte.

"Es gehört zu den Grundverhaltensweisen des Menschen, Emotionen zu externalisieren und in Bewegung umzusetzen. Der Mensch möchte das, was sich in seinem Innersten bewegt, anderen mitteilen. Über den Schrecken der Seele muss gesprochen werden, damit die Ungeheuerlichkeit des Geschehens einen nicht überflutet. Dabei ist der Ritus als elementarste Form dieser Kommunikation anzusehen."
(Beatrice Bucher: Sterben, Tod und Trauer in einer fortschrittlichen Gesellschaft, Diplomarbeit, GRIN Verlag, 2006)

Mit ihren Kindern ging B. die kommenden Trauerfeierlichkeiten durch. Aus den oftmals scherzhaft geäußerten Bemerkungen ihres Mannes „Meine Asche in alle Winde" und seinem letzten Lebensmoment Mödling schloss sie, dass es eine Feuerbestattung sein und die Urne in Niederösterreich, in ihrem Haus im Waldviertel, bleiben sollte. Darüber hatten sie nie gesprochen in ihrem gemeinsamen Leben. Sie entwarf die Anzeige für die Tageszeitung mit einer seiner Zeichnungen sowie die Parte, gruppierte die Trauernden um „unseren geliebten Mann, Vater, Opa, Bruder, Onkel, Genossen und Freund" und erbat, statt Blumenspenden das Flüchtlingsprojekt Ute Bock zu unterstützen.

Die Tochter ihres Mannes hatte gleich in der Nacht nach der Schreckensbotschaft ein Gedicht geschrieben, das B. auf die Parte setzte:

Der Tod
ist wie ein Vogel,
hat er uns gesagt.
Frei und stark
schwebt und gleitet
er ganz weit oben
mit ausgebreiteten Schwingen.
Und überblickt alles
und schaut auf uns herab.
Möge es dir leichter sein jetzt.
Befreit von einer großen Last.

Es hat schon einen Sinn, dass Trauende plötzlich in einen Strudel von Notwendigem hineingestoßen werden. Die geforderten Behördenwege und die Organisation der Verabschiedung zwingen zu einer Sachlichkeit, die den Platz für Verzweiflung einschränkt. Zu beschäftigt für tiefe Trauer, zu beansprucht von Organisatorischem, hat das Ritual der Vorbereitung für diesen letzten Weg etwas banal Weltliches. Kopf und Zahl. Welche Kosten entstehen? Welcher Aufwand wäre in seinem Sinn? Welche Würde kann bewahrt werden? Keine kirchliche Zeremonie, das wusste B. ganz sicher. Sie entschied sich gemeinsam mit allen Kindern zu einem Ritual, das dieser Würde gerecht werden sollte. Und doch wusste sie nicht, ob dies in seinem Sinn gewesen wäre. Sie konnte nur von sich ausgehen und dem, was sie von ihrem Mann wusste. Aber was wusste sie wirklich von ihm?

„Das gespielte Mitgefühl, die mediokre Theatralität und die heuchlerisch getarnte Profitwut vieler Bestattungsunternehmer stoßen immer mehr Hinterbliebene ab. In der westlichen Warengesellschaft verweigern deshalb heute immer mehr Menschen – Angehörige, Freunde und Nachbarn des Verstorbenen – die jämmerlichen, finanziell teuren Ritualhandlungen der Bestattungsunternehmen."
(Jean Ziegler: Die Lebenden und der Tod,
Ecowin Verlag Salzburg, 2011)

Am Montag fand das vereinbarte Gespräch im Bestattungsinstitut mit dem von der Psychologin empfohlenen Betreuer statt. Ihre Freundin Elisabeth begleitete sie. Bitte bringen Sie ein Gewand mit und das, was Sie noch in den Sarg legen werden, sagte der Beamte am Telefon. B. erschrak. Was wollten sie denn ihrem Mann anziehen – in seinem Zustand? Und wieder ein Bild, das sie mit aller Kraft abwehren musste. Das sei wohl eher als symbolische Geste gemeint, dachte sie und suchte sein feinstes Gewand aus, das schwarze Jackett und die schöne Hose, die er zu festlichen Gelegenheiten getragen hatte.

Am Abend davor schrieb sie einen Brief, in welchem sie von ihrer Liebe zu ihm sprach, verschloss ihn und wurde sich der Endgültigkeit dieser Worte bewusst – Ende und gültig. Das und einen Zettel mit dem genauen Inhalt und Zeitablauf der geplanten Zeremonie gab sie am nächsten Morgen im Bestattungsinstitut ab:

Ablauf der Verabschiedung
 am 3. Mai um 15 Uhr in der Feuerhalle:

Beginn: der Chor ‚Gegenstimmen' singt drei Lieder:
 Es geht eine dunkle Wolke
 Andre die das Land so sehr nicht liebten
 Einheitsfrontlied

Sieben kurze Statements
 von Freundinnen und Freunden und der Familie

Das Lied ‚Tambourine Man' von Bob Dylan (5 1/2 Minuten)
 nach zwei Minuten bitte den Sarg absenken.

Das Bestattungsinstitut wollte Würde ausstrahlen, aber das gelang nicht so recht, die Atmosphäre entsprach einer Mischung aus sachlicher Amtsstube und modernistischer Bankfiliale nahe am Kitsch. Über allem lag gedämpfte Stille, es wurde fast nur im Flüsterton gesprochen, trauernde Menschen warteten verhalten auf ihre Abfertigung.

Dem Herrn vom Bestattungsinstitut teilte sie ihre Wünsche mit: eine Feuerbestattung, die Urne ihres Mannes soll auf dem Grund ihres Bauernhauses im Waldviertel beigesetzt werden. Das gehe im Prinzip, sagte der Bestattungsmensch, es hänge aber vom dortigen Bürgermeister und einem Gemeinderatsbeschluss ab. Später sollte sich die Gemeinde in dieser Frage als sehr kooperativ erweisen.

Welchen Sarg sie denn wählen möchte, fragte der Beamte und zückte einen Katalog mit verschiedenen Exemplaren aus Eiche oder Buche oder Fichte, verziert oder schlicht. Dann sollte sie die Urne aussuchen. Wie bei den Särgen auch hier einfache Behältnisse aus Blech oder Luxusexemplare aus edleren Materialien unterschiedlichster Geschmacksgattungen. Ihr fiel die Auswahl schwer und sie unterdrückte den Gedanken, dass ihrem Mann wohl das Edelste und Teuerste zustehen würde. Die Preise ließen sie jedoch pragmatisch entscheiden. 500 Euro. War er ihr so wenig Wert? Und blitzschnell stiegen die vielen Gespräche in ihrem Kopf auf, die sie beide unzählige Male geführt hatten: Konsumterror, Manipulation, Status durch Geld, Verführbarkeit durch Gefühle, Aufstand, Widerstand gegen fremdbestimmten Anspruch, Warenwelt als Gefühlsbalsam – sie wusste, dass sie richtig entschieden hatte.

„In unserer Gesellschaft allein mit dem Verlust konfrontiert zu sein, sieht ganz anders aus. Und alle gewöhnlichen Gefühle der Trauer werden noch zusätzlich intensiviert, wenn es sich um einen plötzlichen, unerwarteten Todesfall oder um Selbstmord handelt. Solche Umstände verstärken das Gefühl der Hinterbliebenen, machtlos zu sein und dem geliebten Verstorbenen überhaupt nicht mehr helfen zu können. Es ist für die Hinterbliebenen von plötzlich und unerwartet Verstorbenen ganz wichtig, den Leichnam mit eigenen Augen zu sehen, weil es ihnen andernfalls oft sehr schwer fällt zu glauben, dass der Todesfall tatsächlich eingetreten ist."
(Sogyal Rinpoche: Das Tibetanische Buch vom Leben und vom Sterben. Ein Schlüssel zum tieferen Verständnis von Leben und Tod, Fischer Taschenbuch Verlag, 2007)

Das Bestattungsinstitut würde dafür sorgen, dass die Urne für die Überführung ins Waldviertel freigegeben wird, sagte der Beamte. Sie müsse einen Beschluss des Gemeinderates erwirken, den genauen Ort und die Art der letzten Ruhestätte mitteilen und für eine Urnenannahmebestätigung bei der Gemeinde sorgen. Dann bekam sie eine Begleitmappe für Trauernde mit auf den Weg, in welcher um Pietät bemühte Tipps für den Trauerfall gegeben werden sowie einen Musterzettel mit den notwendigen Informationen für die Gestaltung der Parte. In der Plastiktasche lag eine CD „Auf immer verbunden", auf der eine ihr unbekannte Gabriele Haring „sie durch ihre Trauer" begleitet. Die Plastikhülle dieses Tonträgers hat sie nie geöffnet.

Was sie nicht wusste: Sie hätte ein Recht gehabt, ihren Mann noch einmal zu sehen. Auf diesen Gedanken wäre sie gar nicht gekommen. Es wurde ihr auch nicht angeboten. Sie ging davon aus, dass der Anblick gar nicht möglich gewesen wäre aufgrund seiner Verletzungen. Später las sie, wie wichtig es für die Hinterbliebenen sei, dieser letzten Begegnung nicht auszuweichen. Das Verdrängen auch der schlimmsten Todesart würde sich später rächen können.

5.

Die Tage zwischen seinem Tod und der Beisetzung verliefen für B. wie in einem verzerrten Zeitraffer. Sie lud alle, die bei der Trauerfeier reden würden, zu einem Frühstück zu sich nach Hause ein. Sie besprach mit einer Künstlerin, die mit ihrem Mann gemeinsam eine Ausstellung geplant hatte, dass sie trotz seines Todes diese Ausstellung machen würden, er hatte sich so sehr darauf gefreut und war sehr stolz, dass eine junge Künstlerin zusammen mit ihm ausstellen wollte. Am 1. Mai ging sie nach großem Zögern zum Maiaufmarsch, das war ein lange gepflegtes Ritual in ihrer Beziehung – das erste Mal alleine nun und überall den Tränen nahe. Unfassbar für sie, dass sich das Leben so schnell um 180 Grad umdrehen kann – plötzlich auf der Unterseite angekommen. Ihr Mann hatte oft gesagt, dass er auf der Butterseite leben würde, so viel Glück sei ihm in seinem Leben widerfahren, beruflich, und dann auch mit ihr als Partnerin ... Die vielen Freundinnen und Bekannten, die sie auf der Wiener Ringstraße traf, gaben ihr in ihrer traurigen Verlorenheit etwas Halt.

B. nahm die Einladung bei Freunden zu einem Frühstück an, bei welchem auch der Arzt und Freund anwesend war, der bei ihrem Mann nach der Magenspiegelung das Lymphom entdeckt hatte. Warum hat er das nur getan, fragte der Arzt händeringend, er hätte doch gute Überlebenschancen gehabt. Sie wusste keine Antwort. Fühlte sich plötzlich schuldig.

"Außenstehende fragen stets nach dem WARUM des Menschen, der sich das Leben genommen hat, das Interesse gilt viel häufiger dem Verstorbenen und seinen Motiven als den Hinterbliebenen. Die sind für Außenstehende oft nur interessant als mögliche Verursacher des Suizids nach dem Motto: ‚Da muß doch was gewesen sein'. Das Thema ‚Schuld' ist darin sehr präsent."
(Chris Paul: Warum hast du uns das angetan?
Ein Begleitbuch für Trauernde, wenn sich jemand
das Leben genommen hat, Gütersloher Verlagshaus, 2006)

Die Akademie der Bildenden Künste hatte einen Nachruf (siehe Anhang 1) auf ihre Homepage gestellt, obenauf ein Foto von

„Julius Mende bei einem Fest am Institut für das künstlerische Lehramt anlässlich seiner Pensionierung 2004" – lachend sitzt er mit weißen Handschuhen und einem Silberlöffel vor einem edlen Gedeck. Für dieses Fest wurden alle Teilnehmenden gebeten, ein persönlich gestaltetes Gedeck mitzubringen, die Verlosung würde zeigen, mit welchem Essbesteck die Kolleginnen und Kollegen das Pensionsfestmahl zu sich nehmen würden. Ihr Mann hatte eine Blechschüssel mit cyrillischer Aufschrift mitgebracht, die sie auf einem Polenflohmarkt erstanden hatten. Aus der Pensionierung wurde trotz anfänglich positivem Bescheid der Behörde nichts, weil sich die Bedingungen für den Ruhestand unter einer

Der Tod als Schnitter

schwarz-blauen Regierung einschneidend schnell geändert hatten. So war es ein verfrühtes Fest zu einem verspäteten Pensionsbeginn. Er hatte ein halbes Jahr den Ruhestand erleben dürfen …

Dass seine Enkeltochter Tatjana vier Jahre nach seinem Tod die Aufnahmeprüfung an der Akademie für bildende Künste in Wien bestehen und dort studieren würde, hätte ihn mit Stolz und Freude erfüllt.

6.

Am Tag vor der Verabschiedung ihres Mannes besuchte B. zum ersten Mal nach seinem Tod die Mutter im Pflegeheim. Diesen Weg hatten ihr ihre Freundinnen und Kinder in den letzten zwei Wochen erspart. Dort überkam es sie mit aller Heftigkeit. Sie schaute der Mutter in die Augen, nahm behutsam ihre Hände und sagte in ihre schwerhörigen Ohren, dass Julius gestorben sei. Die Mutter verstand es nicht, schaute treuherzig aus ihren alterswässerigen Augen in das Gesicht ihrer Tochter und zuckte mit den Schultern. Das ist die Gnade der Demenz, dachte sie. Hat sie es wirklich nicht verstanden, oder will sie mich schützen? Die Mutter wirkte zufrieden und küsste unentwegt die Hände der Tochter.

Donnerstag, der 3. Mai. Alle Parten waren verschickt, das Tageszeitungsinserat war geschaltet, alles war abgesprochen, die Reden, die Musik, der Ablauf der Trauerfeier, das Gesteck von seiner Schwester für den Sarg war bestellt und das Essen vorbereitet, denn für den Abend hatte sie über 70 Freundinnen und Freunde zum Abschied-Nehmen in ihre Wohnung eingeladen. B. wunderte sich über sich selbst, dass sie alles so penibel und genau organisiert hatte. Woher diese Sachlichkeit? Wollte sie mit dieser Nüchternheit ihre Gefühle in Schach halten?

„Riten sind für jede Gesellschaft unverzichtbar. Niemand kann ohne sie den Verlust eines geliebten Menschen meistern. Der Tod schafft die radikale Unordnung. Er zerstört ein Leben. Er zerstört ein unendlich vielfältiges Netz von sozialen, affektiven Beziehungen. Er zerreißt Familien, Freundschaften und Gemeinschaften. Um diese radikale Un-

ordnung zu überwinden und jenseits des Todes eine neue Ordnung zu schaffen, braucht es Riten."

*(Jean Ziegler: Die Lebenden und der Tod,
Ecowin Verlag Salzburg, 2011)*

Am Morgen ging B. in das Blumengeschäft, sah die schönen Rosen und Lilien dort. Sie entschied sich für *ihre* Blume, jene, die auf dem Cover des Buches „Wunderwelt Sexshop" abgebildet ist, das ihr Mann und sie gemeinsam herausgegeben hatten. Und für Jasminzweige. Sie schmückte die Wohnung, stellte Kerzen auf, rückte Sitzgelegenheiten zurecht, fuhr mit der Hand über die chromversiegelte Trödler-Sitzbank, die ihnen so viel Freude gemacht hatte, wandte sich ab, ließ die Erinnerung nicht nahe kommen, jetzt noch nicht, und kochte eine steife Hühnersuppe, damit alle etwas im Magen hätten nach dem Krematorium. Am Nachmittag um 14 Uhr sollten sie dort sein.

Dann stellte sie sich vor den Spiegel. War das *sie*? Sie zog die schwarze Hose an, die sie für das Begräbnis gekauft hatte, sie hatte abgenommen. Sie schlüpfte in das schwarze Jackett, das sie lange nicht getragen hatte. Es schlenkerte um ihre Taille. Sie probierte die neuen Schuhe an, die sie in Eile gekauft hatte – schwarze Witwe, Witwenverbrennung, Witwenschleier, Witwengeld, Witwenschaft, Witwentum, Witweneinsamkeit, Witwenklagelieder, Witwe Bolte, Witwentrost, Witwenpension … Sie war sich fremd. Die Schuhe drückten.

Ihre Tochter hatte sie im Auto zur Feuerhalle mitgenommen. Auf ihrem Schoß lag die rote Flamingo-Blume, Anthuria. *Ihre* Blume. Sie glänzte wie Lack, künstlich und kalt.

7.

Händeschütteln. Beileidsbekundungen. Umarmungen. Flüstern und betretenes Schauen. So viele Menschen waren gekommen. Es war schon richtig, dass sie sich für die große Halle entschieden hatte. Die Schuhe scheuerten an der Ferse. Sie besprach mit dem Bestattungspersonal noch einmal den Ablauf, überreichte die CD mit Bob Dylans Tambourinspieler-Song, begrüßte die Chorleute, umarmte die Verwandten und Freunde, die ein Spalier bildeten, und ging nach vorne. Der Sarg mit den vielen Blumen: so klein, so winzig, so schmal. Sie steckte *ihre* Blume vorne auf das Fichtenholz, verharrte vor dem Blumenmeer, das eigentlich dem Ute-Bock-Flüchtlingsprojekt zugute hätte kommen sollen.

„Zu den selbstbestimmten Gestaltungsmöglichkeiten einer Bestattung gehört auch die Entscheidung, nicht daran teilzunehmen. Diese Entscheidung sollte aber wirklich selbst getroffen werden und nicht von anderen. Kinder zum Beispiel sollten nicht von der Teilnahme ausgeschlossen werden – gerade sie haben ein Recht darauf, in ihrer Traurigkeit und Verwirrung begleitet zu werden und Formen des Abschiednehmens kennen zu lernen."
(Chris Paul: Warum hast du uns das angetan?
Ein Begleitbuch für Trauernde, wenn sich jemand
das Leben genommen hat, Gütersloher Verlagshaus, 2006)

Vorne links in der ersten Reihe nahm sie mit den Kindern und Enkeln Platz, rechts in der ersten Reihe saßen die Verwandten ihres Mannes. Schräg hinten entdeckte sie die Frauen aus vergangenen Beziehungen, die Tochter ihres Mannes war nicht gekommen.

Der Chor „Gegenstimmen" stand vorne im Halbkreis. „Es geht eine dunkle Wolke" – schon beim ersten Lied, das der Chor sang, kämpfte sie mit den Tränen. „Andre die das Land so sehr nicht liebten" – bei dem Lied von Theodor Kramer, der vor den Nationalsozialisten nach England flüchten musste, schwankte das Blumenmeer. Sie starrte auf das bunte Fensterglas hinter dem Sarg und begann die Kästchen in den Zinkeinfassungen zu zählen. Das half. Beim „Einheitsfront-Lied" sang die halbe Trauergemeinde zaghaft mit, an die 300 Menschen sollen es gewesen sein, wurde ihr später gesagt.

Ihr „Emo"-Enkelkind, von oben bis unten in Schwarz, schaute sie tränenüberströmt an, und fast hätte sie in dieser weinenden Trauer ringsum gelacht: Das ganzes Gesicht der Enkelin war von der Wimperntusche schwarz verschmiert. Es hatte etwas Clowneskes. Sie legte ihren Arm um dieses Häuflein Elend, und als die kleinere Enkelin nach ihrer Hand fasste, nahm sie das Kind in den anderen Arm. Die Kleinen sind am schutzbedürftigsten, dachte sie, war sich dessen aber nicht sicher, als sie die aufgelösten Gesichter ihrer großen Kinder aus den verschiedenen Beziehungszusammenhängen sah.

"'Manche Enten sagen, dass man zum Engel wird und auf einer Wolke sitzt und runter auf die Erde gucken kann'. ‚Gut möglich', sagte der Tod. ‚Flügel habt ihr ja immerhin schon'. ‚Manche Enten sagen auch, dass es tief unter der Erde eine Hölle gibt, wo man gebraten wird, wenn man keine gute Ente war'. ‚Erstaunlich, was ihr Enten euch so erzählt – aber wer weiß'. ‚Du weißt es also auch nicht!', schnatterte die Ente. Der Tod schaute sie nur an."

(Wolf Erlbruch: Ente, Tod und Tulpe, Verlag Antje Kunstmann, 2007)

Sie hatte die Rednerinnen und Redner nach den verschiedenen Bereichen ausgesucht, in denen ihr Mann gearbeitet und engagiert tätig gewesen war.

Sein ältester Freund Franz Ofner, mit dem er in vielen wissenschaftlichen Projekten zusammengearbeitet hatte, sprach als Erster: „Meine Freundschaft mit ihm wird in mir präsent sein, solange ich lebe, zusammen mit den vielen Begegnungen, Anregungen, Aktivitäten und Diskussionen, die mich mit Julius verbunden haben ..." (Siehe Anhang 2)

Danach sprach Elisabeth Holzinger, in deren Wohngemeinschaft er lange gewohnt hatte: „Lieber Julius! Fast 40 Jahre hast du mein Leben begleitet. Hör mal, wie wichtig du für mich warst! ..." (Siehe Anhang 3)

Mit dem langjährigen KPÖ-Vorsitzenden Walter Baier verband ihn freundschaftliche politische Arbeit: „In welchen Worten und Sätzen eine so vielfältige, unkonventionelle und sensible politische Persönlichkeit wie Julius Mende würdigen? Ich habe mich entschlossen, es in seinen eigenen Worten zu tun, indem ich die Rede verlese, mit der Julius Mende sich 1994 zur Wahl des Parteivorsitzenden stellte ..." (Siehe Anhang 4)

Danach sprach Christine Hahn, eine Freundin und Kollegin an der Pädagogischen Akademie: „Ich stehe hier stellvertretend für Studierende und Lehrende der Pädak, mit einem großen schwarzen Skizzenbuch in der Hand, wie du es gerne verwendet hast. Sehr viele haben in diesem Buch ihre Betroffenheit über deinen Tod durch Schreiben oder mit Zeichnungen ausgedrückt. In den Beiträgen wird spürbar, wie wichtig du für die Studierenden warst. Durch deine Ehrlichkeit und Offenheit warst du für viele ein Mensch, an dem sie sich orientieren konnten und auch wollten. Die Klarheit und Konsequenz in deinem Handeln, auch wenn sie für dich nicht immer zum persönlichen Vorteil war, zeichneten dich aus. Deinen bedingungslosen Einsatz für die Schwächeren haben alle gespürt und erlebt …"
(Siehe Anhang 5)

Hannes Hofbauer hat als Verleger das letzte Buch von ihm herausgegeben: „Liebe Trauernde, liebe Angehörige, liebe Freundinnen und Freunde, liebe Bärbel, es ist gut, dass wir hier zusammen sind, um von Julius Abschied zu nehmen. Er ist Teil unser aller Geschichte. Das spürt man in diesem Moment. Und weil die Zukunft nicht ohne Vergangenheit bestehen kann, hat er sich auf diesem Weg in unser weiteres Leben und Arbeiten eingeschlichen. Ob er das wollte oder nicht …" (Siehe Anhang 6)

Mit der Künstlerin Katja Razumovsky hatte er die nächste Ausstellung geplant: „Liebe Bärbel, liebe Trauernde, meine Freundschaft mit Julius dauerte insgesamt leider nur wenige Jahre, aber sie bedeutete sehr viel für mich. Sie fing an mit dem Gefühl des Erstaunens – sein Erstaunen darüber, dass ich keine nur öde vor sich hin malende Adelige war, wie er sich insgeheim erwartet hatte; und mein Erstaunen einfach über ihn – so ein starker, ungezwungener, herzlicher, gradliniger und kreativer Mann …"
(Siehe Anhang 7)

Ihre Tochter Anja sprach zum Schluss, stellvertretend für die Familie: „Lieber Julius, danke, dass du all die Jahre auf meine Kinder geschaut hast, damit ich bei meinem Chor, den ‚Gegenstimmen', singen konnte. Die Lieder entsprechen auch deiner Sicht auf das Leben und die Welt. Wir haben dir heute zum letzten Gruß gesungen. Du hast nie einen Stein auf dem anderen gelassen, weil du immer hinterfragtest, ob das, was man denkt und tut, auch das Richtige ist. Das haben wir von dir gelernt. Und ich danke dir, dass du zusammen mit meiner Mutter vier Jahre lang meine Oma so liebevoll gepflegt hast und so lustige Sachen mit ihr gemacht hast, zum Beispiel sie mit in den Teich genommen hast, obwohl sie nicht schwimmen kann. Oder sie in Ausstellungen geschleppt hast; gemalt hast du auch mit ihr und ihr den Namen ‚Kleiner Prinz' gegeben. Ich danke dir für alles, was du uns geschenkt hast – und es war so viel. Du wirst uns so sehr fehlen. Und euch allen danke ich, dass ihr heute zu Julius' Abschied gekommen seid."

Fünfeinhalb Minuten Bob Dylan. Mr. Tambourine Man – „There is no place I'm going to ..."; – „He, Tamburinspieler, spiel ein Lied für mich, an diesem klaren Morgen komme ich, um dir zu folgen ..." Er hatte diesen Song an dem letzten Wochenende vor seinem Tod in ihrem Bauernhaus im Waldviertel angehört, immer wieder und sehr laut.

Totenstille. Unterbrochen von Schluchzen, Naseputzen. Nachdem der Sarg versenkt war, erhob sich B. und schritt durch die Bankreihen nach vorne in den Vorraum. Eine lange Schlange bildete sich, um zu kondolieren, und sie wunderte sich, dass manch einer gekommen war, der ihrem Mann im politischen Leben eher feindlich gesinnt war, ihn als Unzuverlässigen bezeichnet hatte, und manch einer hatte nicht zurückgeschreckt vor diffamierenden Anschuldigungen. Nun aber breiteten die Überlebenden den gütigen Schleier des Vergessens über die aufgebahrte und in der Flamme des ewigen Lichts verbrannte Vergänglichkeit. Sie war gerührt, dass sogar aus dem fernen Waldviertel Menschen gekommen waren.

Ein Liebhaber aus vergangener Zeit, den sie vor 23 Jahren wegen ihres Mannes verlassen hatte, wünschte ihr Beileid – und fragte: Warum hat er das ausgerechnet an deinem Geburtstag tun müssen? Sie antwortete, dass er wohl andere Sorgen als ihren Geburtstag im Kopf hatte. Sie spürte Abwehr aufsteigen. Das Bedürfnis, ihren Mann verteidigen zu müssen.

"So müssen viele Angehörige mit diffamierenden Bemerkungen – der Suizid sei doch zu verhindern gewesen, wenn man es nur gewollt hätte, wenn man sich nur eifriger um den Menschen gekümmert hätte – und oft hilflosem Trost plagen, wenn sie sich nicht schon längst in ihrem Schneckenhaus verkrochen haben. Häufig vereinsamen die Angehörigen: Weil sie sich argwöhnisch beobachtet fühlen und weil der Verlust eine nicht schließbare Lücke in ihr Leben gerissen hat."
(Manfred Otzelberger: Suizid. Das Trauma der Hinterbliebenen.
Erfahrungen und Auswege, Ch. Links Verlag, Berlin, 1999)

Als sich die Menschenmenge langsam aufgelöst hatte und sie ins Freie trat, kamen die Enkelkinder mit ihren Freunden zu ihr gelaufen. In einer Kinderhand lag ein junger Hase. Die Kinder hatten das Tier in den Büschen vor der Feuerhalle entdeckt, ganz zahm, keine Angst und kein Zittern, sie wollten den Hasen mit nach Hause nehmen. Dann sagte eines der Kinder, das sei Julius, er soll Julius heißen, und sie ließen ihn frei. Der Hase hoppelte ohne Hast davon.

8.

An diesem Abend betrank sie sich. Nachdem sich der Sarg unter dem Blumenmeer abgesenkt hatte, während Bob Dylan „Nimm mich mit auf eine Reise auf deinem verzauberten, wirbelnden Schiff" gesungen hatte, als die lange Schlange der Kondolierenden sich langsam zerstreut hatte, nachdem sie das dicke Kondolenzbuch verstaut und an diesem wunderschönen Frühlingstag im nahen Gastgarten noch mit der Familie und vielen Freundinnen und Freunden zusammengesessen hatte, und während sie sich noch immer nicht ganz klar darüber war, ob dies alles vielleicht doch nur ein Film gewesen war – fiel die Spannung ab. Sie fuhr mit ihren Kindern nach Hause.

In der Wohnung hing Jasminduft. Bald würde er vom würzigen Geruch der Hühnersuppe verdrängt werden. Sie warf die scheuernden Schuhe in die Ecke; ging barfuß von einem Raum zum anderen; ließ die Reden (siehe Anhang) nachwirken; betrachtete die vor Leben strotzenden Bilder ihres Mannes an den Wänden; fragte ihn, ob er mit der Feier zufrieden gewesen sei; vermutete, ihm wäre das zu viel Aufwand gewesen; dachte: egal, du hast dich ja sehr oft meinem Urteil gefügt, wenn du merktest, wie wichtig es mir ist. Es war ihr wichtig.

So langsam trafen die ersten Trauergäste ein. Bis die letzten gegangen sein würden, sollte es lang nach Mitternacht werden. Und sie würde dann betrunken, nicht übermäßig, aber auch nicht mäßig, im Bett liegen, zum ersten Mal nach seinem Tod in dem gemeinsamen.

Die Hausmeisterin Mitsa, Ehefrau des Roma-Vorsitzenden in Wien, der mittlerweile auch Botschafter seiner Volksgruppe geworden ist, hatte an die hundert Sarma aus ihrer ex-jugoslawischen Kochkunstküche zubereitet und dazu köstliche Teiggerichte mit Schafskäse. Alki und Thea hatten die Getränke herbeigeschafft, ihre edlen Weine, und die Tische häuften sich mit kulinarischen Köstlichkeiten. Ein Kommen und Gehen. Ein Reden und Schweigen. Ein Lachen und Nachdenken. Auch Weinen und Wut, weshalb hat er das getan. Ihr Mann war Mittelpunkt. Um ihn drehte sich alles jetzt im Tod, und das entsprach in gewissem Sinn auch seinem Leben.

Erinnerungen an ihn gingen im Kreis, Anekdoten wurden erzählt, kannst du dich erinnern, damals in Linz, als er bei einer Kunstaktion gegen den Vietnam-Krieg in schwarze Müllsäcke gehüllt zu Händels Halleluja in den Brunnen gestiegen ist und die liebliche Musik von Motorradlärm und Maschinengewehr-Salven überlagert wurde? Oder als er mit seinen Studentinnen und Studenten an einem weißen Wintertag im Hof der Pädagogischen Akademie Schneeplastiken bauen ließ und manche seine Funktion als Genderbeauftragter allzu ernst nahmen – sie bauten Schneemänner und -frauen mit den entsprechenden Geschlechtsmerkmalen, ein Skandal! Oder damals – es war nach der Abschiebung von Omofuma, einem aus Österreich abgeschobenen Nigerianer, der geknebelt und gefesselt im Flugzeug erstickt ist – bat er die Studierenden, sich gegenseitig einzubinden und die Gefühle und Gedanken bildnerisch auszudrücken; er selbst ließ sich Gesicht und Mund mit Klebebändern verkleben und schilderte das beklemmende Angstgefühl dabei; die Studentinnen und Studenten hielten diese

Performance in Fotos fest. Und auch diese Geschichte kursierte: Eine Schülerin von ihm hatte sich entschlossen, als Maturaprojekt eine vergleichende ästhetische und inhaltliche Untersuchung von Katzenfutter zu machen. Als das Professorengremium von der Studentin angeregt wurde, ein Löffelchen Katzenfutter zum Geschmacksvergleich zu testen, war Julius der einzige Prüfer, der probierte, alle anderen wandten sich ekelgeschüttelt ab. Die Schülerin bestand ihre Matura. Und auch das: Als nach einem Projekt für innerstädtische Architektur, an welchem er beteiligt war, das Geld ausblieb und er gezwungen war, einen Brotjob anzunehmen, stellte er sich in der Schule mit folgender Begründung vor: Er wohne in der Nähe der Schule, würde in der Früh gerne durch den Stadtpark spazieren, einzig und allein das Geldverdienen würde ihn in diese Schule treiben, wo er als Künstler eigentlich nie landen wollte. Diese Ehrlichkeit überzeugte die Direktorin.

Sie fühlte sich durch die Gespräche getragen von einer freundlichen Zustimmung zu ihm.

Auch aus ihrem Wohnhaus waren viele Menschen gekommen, denen sie bisher allenfalls im Stiegenhaus begegnet war. Sie hatte am Hausbrett alle eingeladen. Und seine frühere Lebensgefährtin war da, das löste eine Spannung, die lange Zeit über ihrer Beziehung gehangen hatte. Kann es sein, dass ein endgültiger Abschied so friedlich stimmen kann?

Nur seine Tochter kam nicht.

„Das ausschließliche Festhalten an den eigenen Erinnerungen kann eine Zeit lang Sicherheit vermitteln, führt jedoch langfristig zur Unmöglichkeit, anderen Menschen, die die Tote oder den Toten gekannt haben, zu begegnen. Der Austausch widersprüchlicher Erinnerungen kann schmerzhaft sein, aber auch wichtige Fragen beantworten und Hinweise geben. Der Verlust von Vergangenheit, über die ein toter Mensch keine Auskunft mehr geben kann, ist durch den Kontakt zu anderen Menschen, die ebenfalls zu dieser Vergangenheit gehören, teilweise auszugleichen."
(Chris Paul: Warum hast du uns das angetan?
Ein Begleitbuch für Trauernde, wenn sich jemand
das Leben genommen hat, Gütersloher Verlagshaus, 2006)

In der Küche Gespräche über seine Kreativität und seine Kochkünste. Viel später sollte sie ein handgeschriebenes Büchlein von ihm finden, in welchem er all seine gekochten Köstlichkeiten für gemeinsame Gäste festgehalten hatte. Was heißt seine – sie hatten immer gemeinsam gekocht und sich nicht nur kochend wunderbar verstanden! Solche „Findlinge" würden sie später noch oft in tiefe Verzweiflung stoßen, aber das wusste sie an diesem Abend noch nicht. Wie auch viele Freundinnen und Freunde erst viel später staunend feststellen würden, dass auch *sie* ganz gut kochen kann.

In den Küchengesprächen an diesem Abend erzählten ihr die Kinder auch erstmals, dass er damals, vor zwei Wochen, an diesem Tisch von dem Vogel sprach, den er schon für sich bestellte habe. Nachrichten aus einer verlorenen Welt.

Die Schneefiguren

Ihre Tochter half ihr am nächsten Tag, die Reste des Trauerfestes wegzuräumen. Sie holten Besen, Eimer, Wischtücher, und wie in einem rituellen Reinigungsprozess schrubbten sie die Böden, wuschen Gläser, wischten Tische und Stühle sauber, ständig unterbrochen von Erinnerungen an und Gespräche über ihn. Ihre Tochter schenkte ihr in einem gläsernen Topf die Anthurium-Blume, die noch Jahre später flammend rot blühen würde.

An diesem Tag nach der Beisetzung regnete es. So wie am Tag nach seinem Tod.

9.

Von den vielen Beileidsbekundungen, die B. erreichten, ging ihr besonders eine ans Herz. Eine Studentin von der Pädagogischen Akademie, Elena O., 6. Semester D/BE, hatte in Erinnerung an ihren Lehrer geschrieben:

„Langsam tröpfeln die Studentinnen und wenigen Studenten ein. Mende erwartet uns schon. Ein herausforderndes ‚Grüß Gott' zur Begrüßung von ihm. Beinahe unfreundlich, könnte man meinen.

Der Blick fällt auf die lange Fensterfront. Dort, zwischen Styropor-Skulpturen, Sperrholz und Pappe ist ein Buffet aufgebaut. Eiaufstrich, Liptauer, Semmeln zur freien Entnahme. Zwei, drei Messer liegen dabei. Auch Kaffee und Tee gibt es immer für uns. Er hat ein Herz und Verständnis dafür, wie es ist, ein Jahr ohne Kantine auskommen zu müssen an langen Pädaktagen mit kurzen Pausen. Natürlich, er isst ja auch selbst gerne und viel. Wir trinken aus angeschlagenen Häferln und Gläsern und essen zwischen all dem über die Jahre angesammelten Gerümpel. Kunst, Kitsch und Krempel, nie abgeholt, vergessen.

Mende beginnt mit dem Unterricht: Zuerst die Anwesenheit und das Abhaken der Namen auf der Liste, protokolliert, um wieder verworfen zu werden, denn er hat seine eigenen und sehr menschlichen Regeln. ‚Für Mütter mit Kindern gibt's eine Sonderregelung', hat er uns zu Beginn des Semesters erklärt.

Er beschreibt uns eine neue Technik, den nächsten Arbeitsauftrag und vergisst nie zu fragen, ob wir das auch möchten. Wer nicht mag, macht etwas anderes.

Während wir arbeiten, erzählt er, plaudert und predigt über Götzen und die Welt, lästert und lamentiert. Und immer wieder sein Thema: Sex – sein Kampf gegen Kitsch und Kommerz und Bigotterie. Und immer wieder Sex.

Die Sonne fällt in den Raum, über Papier gebeugte Köpfe, Mende zwischen uns, die Stirnseite des Tisches einnehmend. Ob wir Musik hören wollen, fragt er dazwischen. Hat jemand eine CD eingelegt, kommentiert er – wie gewohnt – mit spitzer Zunge, kommt von einem zum andern und auf Umwegen, aber mit Sicherheit, wieder zu Sex.

Unmengen von Arbeiten entstehen in seinem Unterricht und sein Urteil ist ehrlich, unverblümt und treffend. Hat er zu sehr getroffen, ist er schuldbewusst wie ein Kind und versucht wieder gut zu machen: ‚Wisst ihr, was ich mache, wenn meine Frau auf mich böse ist? Ich stecke ihr die Zunge ins Ohr. Meistens hilft das und sie lacht dann, aber manchmal muss ich aufpassen, dass ich nicht eine abfange von ihr.'

Er würdigt uns und unsere Leistungen, indem er die Arbeiten an den Wänden des Stiegenhauses und in den Gängen aufhängt. Dort hängen sie noch heute.

Viele unserer Arbeiten tragen seinen Geist in sich. Sein Urteil darüber war manchmal hart, seine Beurteilung nicht. Jede und jeder hatte einen Einser bei ihm, denn ‚Wie kann man Kunst mit Noten beurteilen?', fragte er zu Beginn und wollte es auch nicht tun.

Julius Mende wird mir als einzigartiger, aufrichtiger, unbequemer und großherziger Mensch und Lehrer in Erinnerung bleiben.

Ich habe ihn sehr gemocht."

Die Gegenwart ist bereits Vergangenheit, dachte sie. In der Gegenwart traf sie immerzu die Vergangenheit mit ihm: die Gerüche jetzt im nahenden Sommer, das Licht und das Grün der Pflanzen, alles strotzte vor Leben. Wieso war in diesem Jahr das Wetter so wunderbar, dies wäre *ihr* Wetter gewesen, hinaus aufs Land, jetzt, während die Mutter betreut ist und sie endlich ihre Pension genießen könnten, würden sie mit dem Auto durch die Gegend fahren, ohne den Druck im Rücken zu spüren, ob die Mutter versorgt ist, sie würden die würzige Luft einatmen, die nicht mehr so süß sein würde, denn die Linden waren bereits verblüht. Sie würden sich beim Autofahren die Hand streicheln, sie würden sich sagen, uns geht es so gut miteinander, so ein Glück, dass wir uns haben. Das Fühlen des Windes, das Spüren der Hitze und das Denken an die schönen Momente schmerzten: als sie nackt im Hof ihres Bauernhauses im grünen Gras lagen und sich liebten. Das war 23 Jahre her. Diese Erinnerung tat weh.

„Wir haben festgestellt, daß Leute, die einen plötzlichen Todesfall bewältigen müssen, nach der ersten Lähmung, dem Schock und dem Leugnen, das sehr oft über das Begräbnis dauert, wo wir mit vielen mechanischen Dingen beschäftigt sind und viele Verwandte und Besucher kommen – daß dann, wenn alle Verwandten gegangen sind, bei diesen Leuten eine große Lähmung einsetzt, und das Nichtwahrhabenwollen kann Wochen dauern."
(Elisabeth Kübler-Ross: Verstehen, was Sterbende sagen wollen. Einführung in ihre symbolische Sprache, KnaurMensSana, 2000)

Dinge, die wir für Vergangenheit halten, sind Gegenwart, sagt Max Frisch. Am Ende sind wir nur Durchgang, Gefäße für ein Leben.

Doch die schlimmen Nächte. Einmal, sie war fassungslos, träumte sie davon, sie hätte sich in jemanden verliebt. Ihre Tochter meinte, diese Botschaft habe ihr Mann an sie geschickt. Sie empfand sich und ihre geträumten Gefühle als Frevel.

Mit der Künstlerin Katja Razumovsky hatte sie vereinbart, dass die geplante Ausstellung mit ihrem Mann stattfinden würde, obwohl er selbst nicht mehr teilnehmen konnte. „Einladung zur

Vernissage ‚Kitsch'en SeX': Er hatte es noch vorbereitet, aber nicht mehr zu Ende gebracht. Die Ausstellung von Katharina Razumovsky und Julius Mende, der am 17. April aus dem Leben geschieden ist, wird dennoch stattfinden: Dienstag, 15. Mai 2007, 19.30 Uhr, MEL Factory …" schrieb sie an alle Adressen, die ja bereits von der Trauerfeier in ihrem Computer waren.

Die Zunge im Ohr

„Das gesellschaftliche Klima wechselt zwischen Verdrängung und Veröffentlichung des Todes, und beides stößt hart aufeinander im Falle des persönlichen Erlebens im eigenen Umfeld. Die Reaktion reicht dann von dem Wunsch nach schneller ‚Entsorgung' bis zu sorgfältig inszenierten Ritualen im Umgang mit den Toten. Gerade die Medienwelt gibt genügend Beispiele von öffentlichem Sterben und Trauerfeiern. Die Bewältigung durch Rituale (z. B. an der Unglücksstelle) und Trauergottesdienste ermöglicht eine kollektive Anteilnahme, die doch individuell gestaltet werden kann."
(Sigrid Glockzin-Bever in: Sterben, Tod und Trauer in den Religionen und Kulturen der Welt, hg. v. Christoph Elsas, Ebverlag, 2010)

Diese Ausstellung vier Wochen nach seinem Tod war überwältigend. Mit der Künstlerin und ihren Kindern hatte B. die gerahmten Bilder in die Ausstellungsräume gebracht und sie bereiteten diese „wilde Mischung" aus Objektkunst, Malerei und Videos vor. Sie putzten, hängten auf, drapierten und rückten zurecht, bis die ersten Besucherinnen und Besucher kamen, lag ein Tag harter Arbeit hinter ihnen. Über 100 Leute waren gekommen.

Sein Freund Franz Ofner hielt die „Eröffnungsrede zum künstlerischen Werk von Julius Mende im Rahmen der Ausstellung ‚Sex und Kitsch' in der MEL-Factory am 15. Mai 2007":

„In seinem Buch ‚Die Sexuelle Welle – Zwischen Sinnlichkeit und Vermarktung', das vor Kurzem im Promedia-Verlag erschienen ist und in dem er die verschiedenen Phasen seines künstlerischen Schaffens kommentiert, schreibt Julius Mende: ‚Vor der extremen Intellektualisierung war es im Kunstmilieu tabuisiert, über eigene Bilder oder Bilder überhaupt zu sprechen. Deshalb werden die Reden auf Ausstellungseröffnungen immer von irgendwelchen Schlaumeiern gehalten'. – Es freut mich und ist mir eine Ehre, dass ich als so ein Schlaumeier heute auftreten darf und ein paar Worte zu den künstlerischen Arbeiten meines Freundes Julius sagen kann …" (Siehe Anhang 8)

Und wieder hatte sie das Gefühl, von Menschen umgeben zu sein, die ihren Mann geachtet und verstanden haben. Es sei ihm eine Ehre, sagte er damals in Vorbereitung der Ausstellung, „dass so eine junge, begabte Künstlerin mit mir altem Sexopa ausstellen will". Sie hatten ihm an diesem Abend die Ehre erwiesen.

Jahre später, wenn ihr Blick sich wie bei einem Vexierbild vertieft haben wird in seine Darstellungen, würde sie sich fragen: Was wollte er ihr durch diese Bilder mitteilen? Hatte sie etwas übersehen? War sie Schuld? War er vielleicht ihretwegen auf und davon?

"Psychiater erzählen sich gerne eine Anekdote über Viktor E. Frankl, den Begründer der Logotherapie. Eine Frau kommt zu Frankl und klagt ihr Leid: ‚Herr Doktor, Herr Doktor, mein Mann hat sich das Leben genommen, und nur wegen mir.' Frankl sieht sie an und erwidert ganz trocken: ‚Das könnte Ihnen so passen, gnädige Frau.'"
(Manfred Otzelberger: Suizid. Das Trauma der Hinterbliebenen. Erfahrungen und Auswege, Ch. Links Verlag, Berlin, 1999)

Auch ein anderes seiner Vorhaben führte B. zum Abschluss: Für „Die lange Nacht der Liebe", ein Projekt der Straßenzeitung „Augustin", hatte er eine Lesung aus seinem letzten Buch in dem Stundenhotel „Orient" zugesagt. Sie ging dort hin, ein Freund las aus seinem Buch.

10.

Ihre Schwester Chris war aus Deutschland gekommen und half ihr beim Aussortieren seiner Sachen. Sie hatten früher als Jugendliche zusammen in einem Chor gesungen, und als sie in Erinnerung an jene Zeit das Lied „Ade nun zur guten Nacht" anstimmten, brach B. bei der Strophe „Wo Herz bei Herze lag" in heftiges Weinen aus. Das sollte sie noch öfter erleben – dass sehr unerwartet und unkontrolliert Gefühle aufbrachen, denen sie hilflos ausgeliefert war. Jedes Stück Wäsche, jedes Hemd und jede Hose betrachtete sie, bevor sie es weglegte in den Sack für die Altkleidersammlung. Seine gelbe Jacke verstaute sie im hinteren Winkel ihres Kleiderkastens. Einige Hosen, Hemden und Jacken hob sie auf für einen guten Freund, Gerhard, der lange Zeit mit ihnen zusammen auf dem Bauernhof im Waldviertel gelebt hatte und der von der Statur her hineinpassen würde. Viel später, wenn Gerhard diese Sachen tragen würde, sollte sie ihn bei Begrüßungen immer besonders fest umarmen und sagen: Mein Lieber, da bist du ja, und über den Stoff streicheln. Vor allem über die dunkelblauen Hemden mit den feinen, weißen Streifen würde ihre Hand streichen: Sie hatten vor Jahren in einem Stoffgeschäft in der Kaiserstraße, das den Charme der 1950er-Jahre ausstrahlte, 30 Meter von diesem Stoff gekauft, und ihr Mann ließ sich ein ganzes Dutzend Hemden schneidern. Damals waren die feingestreiften Hemden aus dunklem Stoff aus der Mode gekommen, und die karierten Exemplare, die zu der Zeit modern waren, mochte er absolut nicht. Vielleicht auch, weil Längsstreifen schlanker machen.

„Das Trauern nach einem Suizid verlangt so viel seelische und körperliche Kraft, dass es sich ganz hohl anfühlen kann, wenn sich langsam wieder ein normaler, nicht so belastender Alltag einstellt. Nachdem es aber so schwer war, sich auf das Trauern einzulassen, wollen manche sich nicht schon wieder an etwas Neues gewöhnen."
(Chris Paul: Warum hast du uns das angetan?
Ein Begleitbuch für Trauernde, wenn sich jemand
das Leben genommen hat, Gütersloher Verlagshaus, 2006)

Mit ihrer Freundin Thea besuchte B. die Mutter im Pflegeheim, der es schlecht ging. Sie führten die Mutter im Rollstuhl in den Garten, fütterten sie, die wie ein Vögelchen schluckte. B. hatte das Gefühl, es würde bald zu Ende gehen mit der Mutter. Sie bat die Betreuerinnen, sie jederzeit zu rufen, wenn sie meinten, es sei so weit, egal ob Tag oder Nacht. Sie wollte nicht, dass ihre Mutter alleine in ihrem Bett starb. Das wird ein Jahr der Tode, dachte sie, Dauergast im Beerdigungsinstitut mit Erfahrung in diesen Dingen.

Während eines Konzertbesuchs Anfang Juni, zu welchem sie ihre Freundin Christine eingeladen hatte, erreichte B. der Anruf, dass ihre Mutter schwer atmend ins Spital eingeliefert worden war. Sie hetzte mitten in der Nacht in die Klinik. Ihre Mutter lag bewusstlos im Bett, ab und zu stöhnte sie, ihre Hand fuhr manchmal unruhig über die Bettdecke, als wollte sie etwas greifen, das in weiter Ferne lag. Der Arzt bestätigte: die Mutter lag im Sterben.

Mit den Kindern und Enkeltöchtern wechselte sie sich bei der Totenwache ab. Sie sangen am Bett der Sterbenden, setzten sich zu ihr auf den Bettrand, spielten Stadt-Land, die Mutter hatte immer viele Kinder um sich. Sie hielten Mutters Hand, benetzten ihre Lippen und flüsterten in ihr Ohr, dass alle, alle bei ihr seien. Die Mutter wurde zwischendurch sehr unruhig, ihre jüngere Tochter legte sich zu ihrer Oma ins Bett und hielt sie in den Armen. Als die alte Frau schon sehr fern schien, sagte B. zu ihr: Grüß mir deinen Mann Hans und meinen Mann Julius. Sie hatte das Gefühl, die Mutter würde die Botschaften mit auf die Reise in eine andere Welt nehmen.

Der Tod als Schnitter

Fünf Tage und fünf Nächte verbrachten sie, unterbrochen nur von kurzen Pausen, am Krankenbett der Mutter. Fast 95-jährig starb sie dort alleine, sie hatte sich für ihr Weggehen einen Moment ausgesucht, in dem ihre Kinder und sie sich mit der Wache ablösen wollten.

Seit dem Tod ihres Mannes waren acht Wochen vergangen. Manchmal tritt der Tod mit unerwarteter Heftigkeit in unser Leben, dachte B., und manchmal hören wir schon lange vorher seine schleppenden Schritte. Doch immer hat der Tod nach unserer Zeitrechnung einen Zeitvorteil, überlegte sie weiter, wie bei Hase und Igel, denn er ist für uns immer zu früh da. In diesem Wettlauf war ihr Mann der Schnellere gewesen, er hatte sich vom Tod nicht in eine natürlich vorgegebene Zeitordnung pressen lassen.

Und immer wieder die Frage: Was macht ein Menschenleben aus – besteht es nicht sowieso hauptsächlich aus Erinnerung, und das schon zu Lebzeiten? Die Momente der Gegenwart sind doch so flüchtig und schon vorbei, noch ehe man sie berühren und denken kann.

Im August musste Kater Eberhart eingeschläfert werden. Seine drei Lebensjahre wurden durch eine tödliche Krankheit beendet. Die Enkelkinder trauerten, sie litten sehr, sie liebten das Tier und verstanden nicht, weshalb der Tod so unbarmherzig ist und sie so oft aufsuchen würde.

„Ich weiß heute, dass Trauer unterschiedlich intensiv empfunden wird und ebenso stark mit der eigenen Lebensgeschichte und den erlebten Erfahrungen in Verbindung steht wie mit der Beziehung, die man zu dem Verstorbenen hatte. Ich denke, Intensität und Dauer der Trauer sind sehr davon abhängig, wen man verloren und wie man diesen Menschen verloren hat. War dieser Mensch jung oder alt? Vielleicht gar noch ein Kind? War er krank oder gesund? Verstarb er ganz plötzlich oder konnte man sich darauf vorbereiten? Verstarb er eines natürlichen Todes? War ein Unfall, Mord oder Selbstmord die Todesursache?"
(Romana Wasinger: Leben im Sterben. Liebevolle Begleitung in der letzten Lebensphase, Styria Premium, 2011)

Ein Jahr der Tode: Mir ist das Gleiche wie dir passiert, sagte ihre Freundin Eva am Telefon, ihr Mann Reinhard war freiwillig aus dem Leben gegangen. Das traf B. ganz unvorbereitet und wieder mit voller Wucht. Nach der Trauerfeier ihres Mannes am 17. April hatte Reinhard noch gesagt: Würde er eine solche Diagnose wie Julius bekommen, würde auch er seinem Leben ein Ende machen, aber nicht auf so brutale Weise. Und so hatten Eva und Reinhard sich für eine Sterbebegleitung in der Schweiz entschlossen, als für Reinhard die tödliche Diagnose feststand. Dazu war keine Zeit mehr. Reinhard sprang. So wie auch vier Jahre später Ludwig Hirsch, der Liedermacher – „Komm, schwarzer Vogel" – gesprungen sein wird. Für Tiere gibt es in Österreich diese friedliche Art des Weggehens, für Menschen nicht. Da muss sich so einer wie ich entweder hinunterstürzen, aufhängen oder vor den Zug werfen, hatte Rainer in dem Abschiedsbrief an seine Tochter geschrieben.

Meine hübsche, kleine, russische Saatkrähe, hatte ihr Mann sie am Beginn ihrer Liebe oft zärtlich genannt. Da hatte sie noch keine grauen Haare, sondern einen rabenschwarzen Schopf. Da waren Hoffnung und Zuversicht noch grenzenlos. Atemlos hatten sie einmal bei einem Spaziergang über die Steinhof-Gründe dem schwarzen Vogelflug zugeschaut: der Abendhimmel verdunkelte sich, das tausendfache Krächzen vertrieb für kurze Zeit die anbrechende Nacht, und als sich die Vögel in den Baumkronen niedergelassen hatten, wurde es ganz still.

Das Gefühl, nicht genug für ihn getan zu haben, ihre Ungeduld auch im Zusammenhang mit der Pflege der Mutter quälte B. jetzt. Dabei hatte ihr Mann sie bei der Betreuung der alten Frau auf so wunderbare Weise unterstützt. Es war auch sein Vorschlag, die Mutter von Berlin nach Wien zu holen, um sie zu betreuen. Wir hatten doch immer vor, ein Sozialprojekt zu machen, wenn wir in Pension sind, meinte er damals, warum also soll die Mutter nicht ab jetzt unser soziales Projekt sein? So kam die damals 90-jährige Demenzkranke zu ihnen nach Wien, doch von ihrer Krankheit wussten sie zu der Zeit noch nichts. Auch nichts von seiner. Die Mutter lebte mehr als vier Jahre mit ihnen im gemeinsamen Haushalt.

Ihr Mann hatte sich viele Sachen einfallen lassen, damit der Pflegealltag für alle erträglich war: stundenlang kutschierte er die Mutter im Auto durch die Gegend und führte sie ins Caféhaus aus, damit B. ein paar freie Stunden hatte; er malte die alte Frau in allen Facetten ihrer mimischen Ausdrucksmöglichkeiten, wenn er auf sie „aufpasste"; er machte die witzigsten Vorschläge zur Aufheiterung der Greisin – sie als Nichtschwimmerin zum Baden mit in den Teich nehmen; sie im Rollstuhl in Ausstellungen führen; sie in die Sauna mitnehmen; Faxen mit ihr machen und sie morgens zum Fahrtendienst der Caritas-Tagespflege bringen. Die Mutter liebte ihren Schwiegersohn, vielleicht auch, weil sie ihn manchmal mit ihrem verstorbenen Mann Hans verwechselte.

Das hatte sie nicht genug geschätzt, warf B. sich jetzt vor, sie hätte ihrem Mann deutlicher zeigen müssen, wie sehr sie ihn auch dafür liebte. Sie hätte geduldiger sein müssen. Ihr Mann sagte ihr einmal, wie sehr er sie wegen ihrer Geduld mit der Mutter in dem anstrengenden Pflegealltag bewundern würde ...

Sie erinnerte sich, wie sie ihn kurz nach seiner Pensionierung einmal beim Autofahren angetrieben hatte, schnell, schnell hatte sie vor der blinkenden Ampel gesagt, und er meinte: Wir sind in Pension, wir haben genug Zeit. Einmal warf sie ihm vor, er sei eine Schlafmütze, in der Früh nach dem Frühstück und nachdem er die Mutter zum Autoabholdienst der Caritas-Betreuung geführt hatte, legte er sich wieder ins Bett, hörte Radio, mittags ging er wieder schlafen, abends nach dem Fernsehen war er müde und ging früh ins Bett – darüber stritten sie: Zeit haben heißt nicht, den Tag zu vertrödeln, meinte sie. Jahre später sollte sie in der Radiosendung „Die vierte Dimension" den Zeitforscher Karlheinz Geißler sagen hören: Wir haben alle die gleiche Zeit – die keine Zeit haben, liegen auf dem Friedhof. Wieso hatte sie die Zeichen der Zeit nicht erkannt, er war doch schon so krank und sie hatte es nicht gewusst ...

Ich hätte mehr Acht geben sollen auf ihn, dachte sie voller Selbstvorwürfe. Diese Schuldgefühle sollten sie lang begleiten – war die Mutterbetreuung zu aufreibend für ihn? Die Streits, die in der Distanz zum Tod umso heftiger nachwirkten, ihre Engherzigkeit, die mit der Endgültigkeit seines Weggehens umso unbarmherziger schien – hatte sie damit seine Entscheidung beeinflusst? Seine Großzügigkeit und Gelassenheit in vielen Dingen hatte sie nicht genug geschätzt, warf sie sich vor. Sie hätte, sie sollte, sie wollte ... Was würde sie dafür geben, ihm noch einmal sagen zu können, dass es ihr leid tut!

Diese Situation ein Jahr vor seinem Tod kam ihr besonders schmerzlich in Erinnerung: Nach ihrer Hüftoperation hatte sie sich für ihre Laufrunden in dem Rehab-Zentrum einen hellblauen Sweater mit Kapuze gekauft. Sie fand ihn chic, ihr Mann fand ihn scheußlich. Sie würde darin ausschauen wie eine DDR-Turnerin, sagte er bissig. Der Sweater verschwand im hinteren Winkel ihres Kastens. Später kramte sie ihn für eine Radtour wieder hervor, die ihr Mann und sie unternehmen wollten. Sie radelte fröhlich vor ihm her, und als sie wieder daheim waren, meinte ihr Mann grimmig, sie hätte die hellblaue Scheußlichkeit nur angezogen, um ihn zu ärgern, sie wüsste doch, dass er den Sweater unausstehlich finde. Das konnte sie nicht fassen! Was dachte er denn von ihr! Sie war empört über die unterstellte Boshaftigkeit. Sie stritten sich. Sie stritten so heftig, dass sie die Jacke umgehend in der Waschmaschine dunkelgrün färbte. Das war der Gipfelpunkt für ihn. Noch nie hatte sie ihn so außer sich gesehen. Er schrie und konnte sich nicht beruhigen, er brüllte sich in einen Strudel hinein, der sie in Angst versetzte. Sie verließ das Haus. Sie war zutiefst verletzt. Als sie später zurückkam, hatte er sich beruhigt. Obwohl sie immer über alles hatten reden konnten – darüber haben sie nie gesprochen. Sie hatte Angst, dadurch etwas aufzubrechen, das sie nicht verstand. Und wahrscheinlich verstand er ja seine Reaktion selbst nicht.

Jetzt, nach seinem Tod, versuchte sie den Streit anders zu deuten. War der Abstand zwischen ihrer und seiner Lebenszeit bereits spürbar? Hatte er schon damals seine Endlichkeit geahnt? War ihr lebendiges, hellblaues Vor-ihm-her-Radeln so provokativ, dass er verzweifelt schreien musste? Warum hatte sie das nicht erkannt?

„Die Suche nach einem Sinn in dieser Katastrophe, die einen Wendepunkt im Leben der Hinterbliebenen bedeutet, führt häufig zu den bekannten Schuldgefühlen. Ein logischer Zusammenhang zwischen eigenem Versagen und dem Todeswillen einer oder eines anderen würde eine deutliche Botschaft hinterlassen und die Möglichkeit eröffnen, etwas daraus zu lernen. Doch die Botschaft existiert nicht, Selbsttötung ist der endgültige Abbruch von Mitteilung und Austausch."
(Chris Paul: Warum hast du uns das angetan?
Ein Begleitbuch für Trauernde, wenn sich jemand
das Leben genommen hat, Gütersloher Verlagshaus, 2006)

Später ertappte sie sich dabei, den Umgang anderer Paare miteinander zu beobachten: Da gab es welche, die sich ständig gegenseitig zurechtwiesen oder verbesserten im kleinlichen Gezänk um Socken, Putzen, Geschirr wegräumen, Pinkeln im Stehen oder Sitzen, auch ihr war das bekannt; wieder andere ließen Eifersüchteleien durchblicken – auf das Essen, auf die Arbeit oder die Zuwendung von anderen Menschen; und dann gab es Paare, die gar nicht mehr miteinander redeten, sich nichts zu sagen hatten und einen stummen Groll vor sich hertrugen. War sie auch so eine gewesen?

Sie durchdachte noch einmal die Streitereien, es war ja wirklich selten, dass sie miteinander stritten, aber in der letzten Zeit doch öfter, und sie entdeckte, dass es Angst war, die so unumgänglich macht. Wenn sie ihren Mann etwa auf ein bremsendes Auto vor ihnen aufmerksam machte und nervös ihre innere Bremse auf dem Beifahrersitz bediente, nervte ihn das, verständlicherweise. Sie kam beim Nachdenken darauf, dass es sich möglicherweise um ihre eigene Angst vor unvorhergesehenen Gefahren, in die er geraten könnte, gehandelt hat. Traute sie ihm etwa nicht mehr zu, schnell genug zu reagieren? Als sie nach seinem Tod wieder selbst mit dem Auto fuhr, machten ihr riskante Situationen keine Angst.

Mit zunehmendem Alter werden die Leute seltsam, dachte sie, was macht aus friedlichen, verträglichen Menschen derart unzufriedene, mürrische Gestalten? Es wird die Angst vor dem Leben sein, dachte sie, also die Angst, schon im Leben tot zu sein.

„Seine Kinder kamen zu Besuch, wir versuchten mit falscher Heiterkeit, die bedrückende Stimmung zu überspielen. Ich machte Kaffee, ich machte Essen, ich deckte Tische auf und ab. Unsere Streitereien, wer was im Haushalt zu tun habe, hatten sich mit der Krebsdiagnose schlagartig erledigt."
(Dörthe Kaiser: Chanson triste. Abschied von meinem Mann.
Verlag Herder, 2010)

11.

Die Monate nach dem Tod ihres Mannes verbrachte sie damit, die Verlassenschaft zu regeln. Das war nicht so einfach bei den aus unterschiedlichen Beziehungen zusammengewürfelten Kindern. Das Erbrecht würde der leiblichen Tochter zwei Drittel und ihr als Ehefrau ein Drittel der Hinterlassenschaft zuschreiben.

Der letzte Wunsch, den ihr Mann in einer Art Testament, das eigentlich ein Legat, also eine Willensäußerung war, verfasst hatte, ging davon aus, dass kein Kind, egal ob ehelich, leiblich oder nicht, benachteiligt wird und alle einen Platz im Bauernhaus haben sollen. In vielen Gesprächen und unter Berücksichtigung, was jedem einzelnen Kind am ehesten nützlich und möglich ist, einigten sie sich schließlich alle, dass die leibliche Tochter, so war ihr Wunsch, das gesamte Barvermögen ihres Mannes erhält und sie als „erblasserische Witwe" das Bauernhaus mit all seinen finanziellen Erhaltungskosten. Dort hatte sie in den vergangenen Jahrzehnten auch jeden selbstverdienten Groschen, der ihr übrig blieb, und die Abfertigung aus ihrem Arbeitsverhältnis als Journalistin für Renovierungen und Umbauten hineingesteckt. Doch sie stand nicht im Grundbuch. Ihr Mann und sie hatten gemeint, der Ehestand sei für sie Absicherung genug. Nachdem sie mit allen Kindern die Verlassenschaft geregelt hatte, übernahm sie alle anfallenden Kosten der Beerdigung, der notariellen Abwicklung, der Grundbucheintrag und sicherte zu, für die weitere Erhaltung des gemeinsamen Landlebens Sorge zu tragen. Es war ihr ein Bedürfnis, die Landgemeinschaft in dem Sinne weiterzuführen, wie es ihr Mann immer gedacht hatte. Dem nichtleiblichen Sohn und dessen Tochter sicherte sie notariell ein lebenslanges Wohnrecht im Bauernhaus zu.

Der bürgerliche Ehestand brachte ihr einen Vorteil: Sie kam in den Genuss einer Witwenpension, die ihr ein finanzielles Überleben, wenn auch auf Schmalspur, ermöglichte. Lange hatten sie und ihr Mann gezögert, zu heiraten, sie meinten, ihre Liebe sei ausreichend für ihre gemeinsame Zukunft. Nun war sie froh über den Schritt aufs Standesamt, den sie beide vor 17 Jahren gewagt hatten und den sie eigentlich als bürgerlich überholtes Relikt bezeichneten.

Sie erinnerte sich an diesen Tag: Sie alle waren übermütig aufs Standesamt gezogen, ihre beiden Töchter waren die Trauzeuginnen, und mit ihrem Mann hatte sie besprochen, auf jegliches Ritual auf dem Standesamt zu verzichten – keine Ringe, keine Musik, keine festliche Kleidung, nur ihre Liebe sollte Gültigkeit haben und das Bauernhaus für sie als seine eheliche Frau erbrechtlich abgesichert werden, für alle Fälle ... Der Standesbeamte war verwirrt, mit ihrer Antiritualauflage brachten sie ihn aus dem Konzept: Jetzt müssten sie sich eigentlich erheben, jetzt unterschreiben, jetzt schwören, jetzt die Ringe tauschen, jetzt küssen – der arme Mann musste fast selbst lachen über die entstandenen Leerpausen, in denen normalerweise festliche Musik und ernste Handlung den Raum füllen. Draußen vor dem Brunnen des Bezirksamtes küssten sie sich dann lange, hielten sich an den Händen und wünschten sich Glück. Frisch vermählt schlenderten sie auf den nahen Markt und kauften 30 frische Forellen. Sie hatten niemanden eingeladen, aber sie hatten das Gefühl, dass sich draußen auf dem Land eine Runde zum Festessen einfinden würde. Sie meinten, die Fische würden sie am Lagerfeuer grillen, was übrig bleibt, komme in die Kühltruhe.

Auf der Autofahrt fing ihre ältere Tochter auf der Rückbank an zu weinen. Ich bin schwanger, sagte sie. So erfuhren sie an ihrem Hochzeitstag, dass sie Großeltern wurden: Tatjana war unterwegs. Es wurde ein Freudenfest, Ossi und Brigitte kamen mit einer echten Hochzeitstorte, alle Fische wurden verspeist, und es war einer jenen schönen Tage, an denen man bis in die laue Sommernacht hinein im Freien sitzt und am Lagerfeuer Lieder singt.

Heute steht dort in der Nähe ein graumelierter Gedenkstein.

„Die Schrecken eines Suizides können dazu verleiten, diese Schrecken zu bewahren. Erst wenn wir eine andere, lebensfördernde Verbindung gefunden haben, können wir die belastenden und erschreckenden Aspekte auf einen Nebenplatz verweisen. Dort können sie uns Lehrmeister oder Warnhinweise sein, die uns in manchen Situationen der Zukunft achtsamer mit uns selbst und anderen sein lassen."
(Chris Paul: Warum hast du uns das angetan?
Ein Begleitbuch für Trauernde, wenn sich jemand
das Leben genommen hat, Gütersloher Verlagshaus, 2006)

An einem Sonntag im Sommer war sie bei einer Freundin in Baden bei Wien eingeladen. Auf dem Weg dorthin, ihre kleine Enkelin war dabei, fuhr der Zug durch den Bahnhof Mödling, und zum ersten Mal ließ sie für kurze Momente verdrängte Bilder zu, die beim Überfahren der Gleise hochkamen. Ihr fiel ein, dass ihr Mann als junger Maler immer wieder den „Schrei des Blechtrommel-Oskar" aus dem Buch von Günter Grass gemalt hatte. Unzählige Male hatte er den Schrei ausgedrückt in den Farben Rot und Grün. Ein großformatiges Bild dieser Serie hängt über ihrem Bett.

Wie einsam war er? Was hatte er gedacht? Hatte er geschrien? B. lehnte das Gesicht an die Schulter ihrer Enkelin.

Teil III

1.

Ich bin alle Wege, die wir gemeinsam gegangen sind, noch einmal abgegangen. Jeden Winkel musste ich mir neu erobern, ergehen, erwandern, erblicken, erleben, erfühlen. Alle Orte habe ich aufgesucht, jeden Steig habe ich beschritten. Ohne ihn.

An einem kalten Wintertag bin ich mit meiner kleinen Enkelin Katharina jenen oftmals gemeinsam mit ihm spazierten Weg hinunter zum Kamp gewandert, den wir zusammen nicht mehr schafften. Zuerst, weil es nach meiner Hüftoperation nicht möglich war, dann, weil wir die zu betreuende Mutter nicht alleine lassen konnten, und schließlich, weil Julius zu schwach war. Wir hatten uns vorgenommen, diese Tour im Frühjahr zu machen, wenn das Schwere der häuslichen Mutterpflege überstanden wäre und wir wieder besser bei Kräften sein würden; in diesem Frühling also, der so blendend schön hereingebrochen und viel zu früh und viel zu strahlend erschienen war. Doch er brachte den Tod.

An jenem Wintertag im Jahr der Tode bin ich mit Katharina den vereisten, rutschigen Weg hinunter zum Kamp gestapft. Oben am Himmel lag eine schmale, weiße Mondsichel auf dem Rücken. Unser Atem schickte helle Rauchfahnen vor uns her. Katharina wusste, dass sie mich auf einem Eisweg begleiten würde. Sie wusste, dass mein Herz gefrieren würde. Wir hatten vorher darüber gesprochen, aber sie wollte mit mir gehen. Sie fasste meine Hand, und wir bestaunten die raureifverzauberten Nadelbäume, die wie stumme Riesen mit langen Eisbärten unseren Weg säumten. Wir sprachen über ihren Opa und wie reich sie doch sei, weil sie ja drei Großväter habe. Julius ist der einzige wirkliche Opa für mich, meinte sie. Wir schlitterten den steilen Weg hinunter zum Kamp, diesem wilden, in seinem natürlichen Bett belassenen Fluss, und bewarfen uns mit Schneebällen. Lange schauten wir dem träge dahinziehenden Wasser nach. Bitte mach so etwas wie der Opa niemals, sagte Katharina, versprich es mir. Ich versprach es. Ich versprach es mit der magischen Geste, die Julius und ich oft geübt hatten: seinen Daumen und Zeigefinger der rechten Hand an meinen Daumen und Zeigefinger der rechten Hand pressen – wie lieb hast du mich? So? Nein, viel lieber, so – unsere Finger spreizten sich, bis das Winkeldreieck, das unsere Hände bildeten, schmerzte.

Katharina und ich wanderten den steilen Weg zurück. Das Eis knackte unter unseren Schritten. Schneeflocken wirbelten durch die Luft. Die gefrorenen Wegrinnen versuchten wir waghalsig mit unseren Stiefeln zu brechen, bis tausendfach gesplitterte Kristalle sich zu einem neuen Netz weißer Linien formten. Es war bereits dunkel geworden. Der Mond war hinter einer dicken Wolkenmauer verschwunden. In der Küche unseres Bauernhauses roch es nach Holzfeuer. Wir tranken Tee und spielten Rommé. Mein Herz wurde warm.

„Zarter Schnee schwebte in der Luft. Etwas war geschehen. Der Tod schaute die Ente an. Sie atmete nicht mehr. Sie lag ganz still. Er strich ihr ein paar Federn glatt, die sich leicht gesträubt hatten. Und nahm sie mit zu dem großen Fluss. Dort legte er sie behutsam aufs Wasser und gab ihr einen vorsichtigen Schubs. Lange schaute er ihr nach. Als er sie aus den Augen verlor, war der Tod fast ein wenig betrübt. Aber so war das Leben."

(Wolf Erlbruch: Ente, Tod und Tulpe, Verlag Antje Kunstmann, 2007)

Am Morgen waren nach einer frostigen Nacht die Fenster in unserem Bauernhaus mit unzähligen Eisblumen übersät. Ein weißer Frühling im eisigen Winter. Das zartrosa Licht, das die aufgehende Sonne durch das gefrorene Blumenmeer schickte, zeichnete zarte Muster auf das Gesicht meiner Enkelin, die neben mir in meinem Bett noch in den Tiefen der Nacht versunken war.

Ich ging in die Küche und kochte Kakao für den neuen Tag.

2.

In den Wochen nach Julius' Tod und dem meiner Mutter nahm ich dankbar, aber mich selbst dazu zwingend, jede Einladung an, die mich erreichte: Essen bei Freunden, Theaterbesuche, Diskussionsrunden, Kino, Kaffeehaus, Spaziergänge … Ich war es nicht mehr gewohnt, alleine in ein Lokal oder in eine Ausstellung zu gehen. Ich fühlte mich verlassen und verloren und meinte, mich vor der geahnten Einsamkeit meines künftigen Lebens schützen zu müssen. Ich fürchtete, hineinzufallen in eine tiefe Traurigkeit, die mich erst mit Verzögerung, aber dann umso anhaltender erreichen würde wie die bei einem Tsunami folgenden Wellen, und von der ich nie wieder hochkommen würde.

Einmal träumte ich, ich sei auf der Suche nach Julius und nach meiner Mutter. Eine Oberin mit Flügelhaube führte mich durch ein düsteres, verwinkeltes Haus und sagte, mein Mann sei oben im Seminarraum. Unzählige Männer strömten die Stiegen herunter, jeden schaute ich mir genau an, aber Julius war nicht unter ihnen. Dann kam einer, den ich nur von hinten gesehen hatte, graumeliertes, kurzes Haar, und mein Herz jubelte. Ich wollte auf ihn zulaufen, ihn umarmen, aber als er sich umdrehte, war es nicht Julius. Dann irrte ich weiter durch das Haus auf der Suche nach meiner Mutter. Auch sie fand ich nicht.

Beim Aufwachen wusste ich, es würde wieder ein Tag werden, an dem mir zum Heulen zumute ist.

Eines Morgens, Wochen nach Julius' Tod, läutete der Postbote an meiner Wohnungstür und fragte, ob der Herr Magister zu Hause sei. Er ist verstorben, sagte ich. Wie nüchtern das klang. Wie fremd. Der Postler war sehr betroffen und entschuldigte sich, er wünschte mir Beileid.

So holt einen der Tod immer wieder im Alltag ein. Wie kann ich mit diesen Schatten, die sich so unverhofft vor mir aufbauen, weiterleben? Überall unser gemeinsam Begonnenes und nun der plötzliche, vorzeitige Abbruch, der einen gefühlsmäßigen Trümmerhaufen hinterlässt. Ich bemühe mich, das, was wir gemeinsam begonnen haben, zu schätzen und zu lieben. Aber die Verzweiflung ist größer. Was soll ich mit dem Bauernhaus machen? Dort wäre so vieles zu renovieren, der morsche Holzboden bricht ein. Wie soll ich das finanzieren? Und was wird aus der Wohnung in der Stadt? Kann ich sie mir künftig leisten? Eine kleinere Wohnung ist bei den jetzigen Mietpreisen nicht viel billiger. Wie werde ich weiterleben? Was wird mit mir?

Vor allem: Was wird aus mir ohne ihn?

Die banalen Fragen des Überlebens nahmen nach den ersten Trauerwochen, in denen ich mich wie von einem Außenbordmotor angetrieben von einem Tag zum anderen hinüberrettete, bedrohliche Gestalt an. Der emotional und wirtschaftlich verlässliche Boden, auf dem Julius und ich uns in den vergangenen 23 Jahren durchs Leben brachten, war durch den Tod eingebrochen. Ich entschloss mich, ein Jahr vorbeiziehen lassen und diese Fragen dann zu entscheiden. Und ich merkte plötzlich, in welchem Luxus ich trotz allem lebte. Andere Menschen hatten noch nicht einmal Zeit zu trauern und wussten nicht, wohin sie gehen sollten. *"Andre, die das Land so sehr nicht liebten"* hatte der Chor das Lied von Theodor Kramer, der vor den Nazis flüchten musste, auf der Beerdigung gesungen. Wie haben unsere Eltern den Krieg überlebt? Wie überlebt man den Tod des Nächsten? Und wie bewahrt man die Liebe? Je größer der Abstand wird, desto mehr sehen wir. Wie bei einem Bild, dessen große Komposition wir erst durch einen Schritt zurück in ihrer Tiefe erfassen können. Der Abstand relativiert vieles, das durch Nähe verdeckt bleibt. Im Abstand werden wir fähig, uns nicht zu verlieren. Aber auch: Je größer der Abstand wird, desto unwahrscheinlicher ist es, die feinen, hauchdünnen Linien und Verästelungen aufspüren zu können, die dem großen Ganzen Tiefe verleihen. Wo ist der goldene Schnitt von Abstand und Nähe? Von Leben und Tod?

"Um die Angst vor dem Tod wenigstens teilweise zu mindern, gibt es nur einen Weg: jeden Tag – durch Gedanken, Taten und Träume – so viel Glück für sich und die anderen, so viel Sinn zu erschaffen, dass, am Ende des Lebens, dieses Leben seiner eigenen Negation so viel Sinn wie möglich entgegenzustellen vermag."
(Jean Ziegler: Die Lebenden und der Tod,
Ecowin Verlag Salzburg, 2011)

In der Dunkelheit eines stürmischen, regnerischen Vorsommerabends klopften zwei Männer in Uniform an das Küchenfenster meines Bauernhauses und ich merkte nach meiner ersten Verwunderung mit Erstaunen, dass ich keine Angst empfand, obwohl die braunen Jacken und die Achselklappen Gedanken an Theodor Kramers Gedicht aus der Nazizeit aufkommen ließen: *"… Wer läutet draußen an der Tür? Die Fuchsien blühn so nah. Pack, Liebste, mir mein Waschzeug ein und wein nicht: sie sind da."* Und wenn sie mich jetzt holen, umbringen würden, was soll's, habe ich gedacht, was soll mir denn noch passieren. Ich habe die braunen Männer in mein Haus eingelassen. Da standen sie nun so harmlos rotbackig in meiner Küche, verlegen die Finger reibend, aber furchterregend in ihrer braunen Kluft, und ich merkte: keine Angst, ich Angsthase hatte keine Angst! – Es war die Freiwillige Feuerwehr, die Spenden gesammelt hatte.

Wieso keine Angst? In mir ist in dem großen, nicht fassbaren Schrecken der vergangenen Monate eine eigenartige Gleichgültigkeit gegenüber dem Todesgedanken entstanden. Es relativiert sich die Angst mit dem Wissen, dass der Tod unbestechlich ist. Mit ihm lässt sich nicht handeln. Doch man kann ihn überlisten, so wie Julius es getan hat.

Und auch ich überliste den Tod. Ich habe nach zehn Jahren der Abstinenz wieder zu rauchen begonnen. Ich wusste, dass mich dieser Griff zur Zigarette der Onkologie einen Schritt näher bringen würde. In diesem vollen Bewusstsein und im Ärger über die Penetranz der verordneten Anti-Raucherkampagne, die ich zwar vom Verstand her richtig finde, die mich aber gefühlsmäßig als Outlaw brandmarkt, habe ich den ersten, schwindeligen Lungenzug als befreiendes Atmen genossen. Was für eine seltsame, kontraproduktive Befreiung! Kokettiere ich mit dem Tod? Spiele ich ein Spiel mit ihm, wer der Stärkere ist in vollem Wissen, dass ich es niemals sein kann? Ich weiß alles. Und trotzdem. Ein Freund hat das Gegenteil gemacht: Als eine Freundin von ihm an Krebs erkrankte und starb, hat er als Kettenraucher von heute auf morgen mit dem Rauchen aufgehört. So unterschiedlich sind die Strategien, Leben und Tod in den goldenen Schnitt zu bringen.

Mein goldener Schnitt liegt zwischen mäßigem Rauchen, Turnen, Walken, Schwimmen, Spazierengehen, für die Kinder und Freunde und damit auch für mich gut und gesund zu kochen und ab und zu, manchmal auch öfter, ein Glas Weißwein zu trinken. Julius war Nichtraucher. Er ging gerne und viel spazieren, liebte es, in unserem Teich zu schwimmen, früher waren wir gemeinsam in der Früh joggen, aber das hielt sein Kreuz später nicht mehr so aus. Und er fuhr lange Zeit bei jedem Wetter Rad. Julius war kein Asket. Oft tranken wir abends noch ein Glas Wein, er den Roten, den ich mir seinetwegen angewöhnt hatte, doch den hat er später wegen des Histamins immer schlechter vertragen. Aber er trank keinen Kaffee, aß keine Butter, trank keine Milch, er mochte frisch gekochtes Gemüse, Reis und Nudeln zog er den Kartoffeln vor, was mich als kartoffelsüchtige Berlinerin oft zur Verzweiflung brachte. Vor allem liebte er die ungespritzten Äpfel aus unserem Garten, die ich ihm an so manchem Fernsehabend mundgerecht spaltete. Diese Äpfel hat er geliebt und gut vertragen. Meine Fürsorge im Apfelschälen und wohl auch sonst in unserem Leben hat er geschätzt. Doch wenn es ihm schlecht ging, hat er sich am liebsten allein unter einer Decke verkrochen. Das kam in letzter Zeit immer häufiger vor.

Bei all seiner Liebe zum guten Essen achtete Julius so wie auch seine Eltern auf einigermaßen gesunde Ernährung. Doch was wissen wir schon wirklich darüber, wenn selbst Biogemüse durch Etikettenschwindel sich als giftgespritzt entlarvt, wenn mit Hormonen angereicherte Fleischberge die Supermarktregale füllen, wenn Gentechnik und Pestizide sich über die Felder hermachen. Was wissen wir über einen möglichen Zusammenhang von industrieller Massentierhaltung, profitorientierter Lebensmittelproduktion und steigender Krebsrate?

Meinen gesundheitlich goldenen Schnitt beginne ich zu vernachlässigen. Die Aufforderung zur Mammographie liegt noch

Der Tod gibt Feuer

immer unbeachtet auf meinem Schreibtisch, schon längst sollte ich gynäkologisch zur Vorsorge gehen, schon lange war ich nicht bei unserem Hausarzt, und auch der Kurantrag, den ich mir vor zwei Jahren geholt habe, liegt unausgefüllt irgendwo. Körperlich fühle ich mich gesund, was tief in mir schlummern mag, möchte ich törichterweise nicht wissen. Meinen goldenen seelischen Schnitt habe ich noch nicht gefunden. Und es ist fraglich, ob ich ihn jemals wieder finden werde.

„Leider rauche ich immer noch. Vor über zehn Jahren hatte ich einmal vorübergehend aufgehört. Ich las zu der Zeit die Un Chagrin de Passage *von Françoise Sagan. Es geht in dem Buch um einen Mann, dessen Arzt ihn mit der Diagnose Lungenkrebs konfrontiert, indirekt erstmal, mit der Frage* Et vous fumiez depuis longtemps?*, Imperfekt, so als wäre er schon tot. Das Imperfekt hatte mich damals dazu gebracht, meine Zigaretten sechs Stockwerke hinunter aus dem Fenster auf die Straße zu werfen."*

(Dörthe Kaiser: Chanson triste. Abschied von meinem Mann. Verlag Herder, 2010)

Die vielen Gespräche mit den Kindern, mit den Freundinnen und Freunden über Julius und seinen Tod und das gemeinsame Erinnern an ihn taten mir gut. Im Abstand zu heute frage ich mich aber, ob ich meinen Kindern, Enkelkindern und Freundinnen nicht zu viel zugemutet habe, wieder und wieder das Gespräch darüber zu suchen. Verdrehten manche hinter meinem Rücken die Augen – nicht schon wieder Julius …? Wem bin ich damit auf die Nerven gegangen? Alle Menschen zeigten sich in den Gesprächen damals geduldig, verständnisvoll, das hat mir unglaublich geholfen und dafür bin ich heute, fünf Jahre später, noch immer sehr dankbar. Und fast alle sprachen freundlich und wertschätzend über Julius – vielleicht auch mir zuliebe …

Erst viel später konnte ich auch zulassen, meinen Mann nicht nur in dem verklärenden Licht der unantastbaren Würde zu sehen, die der Tod wie einen gnädigen Schleier um ihn gelegt hatte. Es sollte noch lange dauern, bis ich auch seine Fehler als untrennbare Besonderheit seiner Persönlichkeit in mir aufnehmen und mich liebevoll daran erinnern würde. Es gab ja Menschen, die sich regelrecht vor ihm fürchteten, weil er mit an Beleidigung grenzender Offenheit seine Gesprächspartner entlarven konnte. In manchen Streits warf ich ihm vor, er könne gut austeilen, aber schlecht einstecken. Ich erinnere mich an eine Situation, als meine Schwester bei uns zu Besuch auf dem Land war und wir gemeinsam kochten. Meine Schwester schälte Kartoffeln und entfernte die Augen von den Kartoffelkeimen nur oberflächlich. Woraufhin Julius die Kartoffelknolle süffisant in seine Hand legte und zu meiner Schwester sagte: Schau dir dieses schöne, runde Exemplar an, es ist wie in der Sexualität – zart fühlend den Dingen auf den Grund gehen und liebevoll bearbeiten. Meine Schwester schmiss das Messer in den Abfall und zischte: Mach dir doch deinen Dreck alleine! Und weg war sie.

„Daß etwas nicht zugleich sein und nicht sein kann, ist eine Urerfahrung, die wir der Realität entnehmen. Spreche ich also von einer Lebenslogik oder Logik des Seins, dann meine ich, daß alle logischen Schlüsse, die wir in Aussagen über das Leben ziehen, stets an das Faktum dieses Lebens gebunden sind. Man kann nicht sagen, um gut zu leben, ist es am besten, nicht zu leben, dies wäre reiner Unsinn. So umgreift nun die Logik des Seienden auch die Logik der Gesellschaft, die Logik des Verhaltens im allgemeinen, die Logik täglicher Verrichtungen und schließlich jene formale Logik, die den Tod ausscheiden muß."
(Jean Améry: Hand an sich legen.
Diskurs über den Freitod, Klett-Cotta, 1979)

Meine Freundin Christine machte das Versprechen wahr, das sie Julius gegeben hatte, bevor seine Chemotherapie beginnen sollte: Kümmere dich um meine Frau. Christine sagte, sie würde im Sommer eine Segeltour mit Freunden unternehmen, ob ich nicht mitkommen wollte. Das konnte ich mir absolut nicht vorstellen: auf einem engen Boot mit fremden Menschen lustig sein, das also sicher nicht. Ich sagte ab. Christine fragte wieder und wieder, es wird ein schöner Segeltörn zu den kroatischen Kornat-Inseln mit netten Menschen, Musikern und Lehrern, alle auch schon etwas älter. Ihre Fragerei wurde mir mittlerweile lästig und ich beschloss, alles dem Schicksal zu überlassen. Wenn eine Woche vor diesem Törn der Platz auf dem Boot noch frei ist, werde ich mitfahren, sagte ich zu ihr.

Der Platz war noch frei. Diese Segeltour hat mich gewissermaßen zurückgeholt ins Leben: das ruhige Dahinschippern, die geblähten weißen Segel, das weiche Wasser, die wilden Wetter, das Musizieren, das gemeinsame Essen mit Menschen, die, außer Christine, meinen Mann nicht gekannt hatten, das Eintauchen in eine andere Welt und das Treibenlassen im Meer. In manchen Momenten, wenn ich alleine an Deck saß und der Mond über den Wellen silbrig glitzerte, dachte ich: Was wäre, wenn ich mich einfach hineingleiten lasse in die Flut, wenn ich mich ihr überantworte – würde ich mich treiben lassen in die Tiefen, oder würde ich schwimmen? Ich dachte an meine Kinder und Enkel und an das Versprechen, das ich Katharina gegeben hatte.

Da wusste ich, dass ich schwimmen würde. *Lebe wild und gefährlich ...*

3.

Der Gemeinderat hatte beschlossen, dass nichts gegen eine Urnenbestattung auf unserem Grund sprechen würde. Wir müssten nur einen Plan einreichen. Unser Freund und Bildhauer Ossi, ehemaliger Student von Julius, zeigte mir in seinem Atelier zwei Steine, die er bearbeiten könnte: der eine würde eine schlanke Stele abgeben, der andere einen massiven Würfel. Für den Quader hatte er einen Block aus Waldviertler Marmor vorgesehen, und als ich die Zeichnung dieses Steins sah, wusste ich, dass es dieser sein soll: die Farbe silbergrau meliert, so wie Julius' Haare, die Form fest und kompakt, so wie seine Statur, die Oberfläche durchbrochen von einer markanten, aufrechten Linie, so wie seine Persönlichkeit. Ossi bearbeitete den Stein, entwarf den Sockel, auf welchem der Stein ruhen soll, meißelte die Inschrift, berechnete den Untergrund, fertigte eine Skizze von dem Platz an, wo er errichtet werden sollte, und alles wurde dem Gemeindeamt zur Begutachtung vorgelegt.

Im August bereitete ich die Urnenbeisetzung bei uns auf dem Land vor. Unser Nachbar, der uns viel geholfen hatte in unserem Bauernhaus und dessen Taten in manchen zu kurz abgesägten, mit Holzkitt ausgebesserten Dielen immer deutlicher zum Vorschein kommen, betonierte den Untergrund für den Stein. Ein Bauer aus unserem Dorf kam mit seinem Traktor und setzte den graumelierten Quader auf den Sockel. Der massive Block und der polierte Grundstein, dessen Ränder sich in einem natürlichen Verlauf weit in die Wiese erstrecken, lassen den Eindruck entstehen, der behäbige Stein würde mit einer kraftvollen Leichtigkeit die Erde loslassen und in die Landschaft entschweben.

Ich hatte einen Platz gewählt, der nahe beim Haus ist und in die Ferne der Landschaft weist. Die Inschrift mit Julius' Geburts- und Todesdatum zeigt zu unserem Haus, auf der abgewandten Seite zur Landschaft hin werde wohl ich einmal in die freie Stelle auf dem Stein eingraviert werden. Es ist ein guter Platz: dort lagerten wir oft nach festlichen Essen auf der Wiese am Lagerfeuer und Julius begleitete unsere Lieder auf der Gitarre; später werden die Kinder im Sommer auf diesem Stein lungern und die Rücken an den sonnenwarmen Quader drücken; im Winter zu Silvester werden wir unsere Sektgläser dort abstellen und zu den Schneeflocken, dem Feuerwerk oder zu den unerreichbaren Sternen schauen, die im Moment ihres Erscheinens schon längst verglüht sind. Das Lebendige spiegelt sich in den toten Dingen, die erst lange nach ihrem Geschehen sichtbar werden. Der größte Teil des Universums liegt im Dunkeln. Die dunkle Materie ist ein Geheimnis.

„Nachdem sie die Exuvie zum Friedhof gebracht hatten, nahm Papa Matti beiseite und sagte zu ihm: ‚Du hast den Großvater sehr gerne gehabt, nicht wahr?' ‚Natürlich hab ich ihn gern', sagte Matti. Papa war etwas verblüfft und schaute ihn eine Weile schweigend an. ‚Nun, jetzt ist er nicht mehr', sagte Papa. ‚Aber ...' Matti schaute ihn erwartungsvoll an. Es schien, als wollte Papa etwas sagen und wüßte nicht wie. ‚Willst du sagen, daß er noch da ist?', fragte Matti. Papa preßte die Lippen zusammen. ‚Ja, genau ... Ein Mensch, den wir lieben, bleibt immer bei uns', sagte er. ‚Das ganze Leben lang, verstehst du?' Matti lächelte und zog seinen Vater ein wenig am Bart, wie er es oft zum Spaß tat. Und sagte: ‚Ich weiß.'"
(Roberto Piumini/Quint Buchholz: Matti und der Großvater,
eine Geschichte über Kindheit, Alter, Abschied nehmen,
Carl Hanser Verlag, 1994)

An Julius' Tod wage ich mich gedanklich nur mühsam heran. Die bildliche Vorstellung ist mir noch immer nicht möglich. Ich vermisse ihn in jeder meiner Handlungen. Ich weiß, was ihm gefallen hätte und was nicht, und manchmal tue ich Dinge, die er nicht gemocht hätte. Zum Beispiel der schöne Stein, den Ossi für die Urne angefertigt hat: Ich habe in Vorbereitung der Trauerfeier mit unseren Dorfleuten vorne zur Landschaft hin eine Reihe Lavendel vor den Steinsockel gepflanzt und ich bin sicher, dass Julius mir diesen „Alpengarten" übel nehmen würde – nicht umsonst hatte unsere Wohngemeinschaft auf dem Bauernhof bei Umgestaltungen und seinen Einsprüchen gewitzelt, er wäre anscheinend der Vorsitzende einer Ästhetik-Kommission. Doch der Lavendel dort schaut streng und schön aus. Kein Kitsch. Lavendel hatte er gemocht. Aber das hätte er, der aus einem Kunstblumengeschäft stammt, nicht mögen: liebliche Blümchen als Grabbeiwerk.

Später werden die Pflanzen nur mühsam dort wachsen und von dem wilden Wiesengras überwuchert werden, so als würden sie sich an Julius' Vorgabe halten. Aber wer weiß, vielleicht wird der Lavendel sich einmal an mich erinnern.

Für mich war es schwer, die Urne vom Gemeindeamt abzuholen. Ich fuhr alleine dort hin, ich wollte das so. Die Gemeinde berechnete keine „Lagergebühr" für die drei Monate seit der Einäscherung. Für die „Bewilligung zur Beisetzung der Urne im familieneigenen Garten" wurde eine Verwaltungsabgabe von 198,48 Euro berechnet.

Da hielt ich ihn nun, diesen großen, stattlichen Mann, in meinen Händen, und wieder die Frage: Was ist denn so ein Menschenleben? Wie vergänglich und wie gegenwärtig? Ist das Sein also etwas Gedankliches, greifbar in der Gegenwart, begreifbar nur im Vergangenen? Ich habe die Urne im Auto in unser Bauernhaus transportiert, er in dem Behältnis auf dem Beifahrersitz.

Im Schlafzimmer habe ich sie auf das Marmortischchen unter seinem wildbunten, sinnenfreudigen Bild, das er noch vor Kurzem gemalt hatte, gestellt und ein weißes Tuch mit Spitzenrand drübergebreitet – auch das hätte er nicht mögen, aber ich hab nicht anders können, als den Pappkasten mit den aufgedruckten Daten von Julius und der Aufschrift „Achtung Urne, bitte pietätvoll behandeln" barmherzig zuzudecken.

Später habe ich mich daran gewagt, die Plombe zu öffnen und mir den Urneninhalt anzuschauen. In der Zierurne ist dann noch eine zweite gewesen, die verplombt war. Dort habe ich ihm einen Brief von mir hineingesteckt. Den hatte ich zwei Tage zuvor geschrieben und mir ist es zwei Tage lang sehr schlecht gegangen. So habe ich jenen Abschied nachgeholt, der mir vier Monate zuvor in dem Bestattungsinstitut nicht möglich war.

„Die kapitalistische Warengesellschaft tabuisiert den Tod. Er wird aus dem Blickfeld verbannt. Denn er widerspricht in seiner Radikalität dem ungebrochenen Fortschrittsglauben, der der hoch technologisierten, kapitalistischen Warengesellschaft als ihr eigentliches Wesen innewohnt. Der Tod ist das nicht meisterbare, absurde und daher zu verschweigende Ereignis."
(Jean Ziegler: Die Lebenden und der Tod,
Ecowin Verlag Salzburg, 2011)

Wir hatten Glück. Es war ein schöner, sonniger Augusttag. Meine Freundinnen und Freunde, die mit uns in der Freizeit auf dem Land leben, halfen bei den Vorbereitungen. Wir schleppten Tische und Stühle auf die bunt blühende Wiese. Ich hatte das Dorf und die Leute von der Gemeinde eingeladen, und wirklich, die meisten kamen.

Mehr als 50 Gäste fanden sich ein, die wir bewirteten und mit denen wir Erinnerungen an Julius austauschten. Es war ein schönes Bild, die Bäuerinnen und Nachbarn verstreut auf den Bänken und Stühlen in der weiten Wiese sitzen zu sehen, das hätte Julius gefallen. Hannes, der Verleger, übernahm die Rolle des Mundschenks. Ossi, der Bildhauer, sprach als Erster zu den Leuten aus dem Dorf, die sich langsam aus den Gesprächen lösten und die Ohren spitzten (Siehe Anhang 9):

„(...) Professor Mende hat es seinen Studenten leicht gemacht. Wenn man sich in den vielen Diskussionen engagierte, seine oft provokanten Thesen hinterfragte, exakt formulierte und zumindest versuchte, eigenständig zu denken, hatte man schon den Großteil bestanden. Um das zu erreichen, wurden die Studenten oft von ihm provoziert und gereizt. Heute, nach 30 Jahren, weiß ich, dass das eine wichtige Vorbereitung auf den Lehrberuf war. (…)

Ich habe versucht, bei der Gestaltung der letzten Ruhestätte von Julius hier an seinem Lieblingsplatz in dieser wunderschönen Landschaft alles einfließen zu lassen, was ihm wichtig war und in seinen Augen – in der von ihm gegründeten ‚Ästhetik-Kommission' – Gefallen gefunden hätte. Der Stein ist ein grauer, stark gemaserter Waldviertler Marmor ohne Schnörkel und Verzierungen, klare Formen und Proportionen, gerade Linien und Kanten, mit der Hand gerundet und wellig eine Ecke abgebrochen mit einem leichten Fehler, einem Sprung, ein Riss, aber nicht tief, sondern stabil und fest. Der Stein ist geeignet zum Abstellen von Gläsern und Tellern, zum Klettern für die Kinder und zum Draufsetzen, wenn jemand müde ist. (…)"

„Einen Trauerprozess zu Ende bringen bedeutet nicht, alle Traurigkeit und Sehnsucht zu überwinden. Im Gegenteil – im Verlauf des Trauerns wird langsam ein immer stabileres Gleichgewicht hergestellt zwischen Erinnerungen an das Vergangene, Bewusstsein für das Gegenwärtige und Plänen für die Zukunft."
(Chris Paul: Warum hast du uns das angetan?
Ein Begleitbuch für Trauernde, wenn sich jemand
das Leben genommen hat, Gütersloher Verlagshaus, 2006)

Kurt hielt die nächste Rede. Für den Hausumbau hatten wir seiner Familie kürzlich einen Teil unseres Grundes abgetreten und Julius hatte noch kurz vor seinem Tod die Umbaupläne unterschrieben. Für unsere Freunde bekam die Vision des gemeinsamen Altwerdens hier am Land durch den Tod eine radikale Wendung (Siehe Anhang 10):

„(…) Was Julius immer abgelehnt und verabscheut hat, war: Der-Blick-nur-auf-das-Eigene. Der zeitgeistig heute oft so moderne, egozentrische Blick nur auf das private Interesse war für ihn politisch, gesellschaftlich wie auch privat Ausdruck und Quelle persönlicher und sozialer Kälte, Grundlage für Kälte, Leid und Ungerechtigkeit in der Welt. Das wichtigste Prinzip dieser Hofgemeinschaft war deshalb ‚das Prinzip der offenen Türen': Natürlich gibt es hier Türen und Grenzen, die respektiert werden, aber es gibt keine Zäune, die die Wichtigkeit dieser Grenzen be-

Der Tod und der Lehrer

tonen und untermauern. Diese Offenheit der Häuser ist der Ausdruck einer Haltung des Interesses am Anderen, ein Ausdruck der Bereitschaft, am Leben des Anderen teilhaben zu wollen und ihn am eigenen Leben teilhaben zu lassen. Dieser Grundgedanke prägte und prägt das Zusammenleben hier am Hof.

(…) Julius hat Bärbel hier in einer wundervollen Weise unterstützt. Solidarität war für ihn kein abstrakter, ideologischer Wert, sondern er lebte sie hier in der Weise, wie er zu Bärbel und ihrer kranken Mutter stand. Sein Humor und seine Stärke waren in dieser Zeit für Bärbel wohl ganz besonders wichtig. Diese gemeinsamen letzten vier Jahre, die die beiden hier mit der Pflege von Bärbels Mutter verbracht haben, haben die beiden wohl noch enger aneinander und an diesen Ort hier gebunden. Und wenn man miterleben konnte, wie rührend Katharina mit ihrer Uroma Else gespielt hat, wie die beiden gemeinsam Grimassen geschnitten haben, und wie Tatjana an ihrer Uroma Else lustige Frisuren ausprobiert hat, konnte man ahnen, dass sich hier im Zusammenleben von vier Generationen etwas tief erfüllt hat von Julius' Idee: Solidarität (…)

Ich möchte auch die Gelegenheit benutzen, den Menschen aus dieser Ortschaft hier dafür zu danken, dass sie Julius und sein Projekt – also auch uns, Menschen mit teilweise für sie fremd oder ungewöhnlich wirkenden Ideen und Lebensgewohnheiten – mit so viel Wohlwollen und Akzeptanz begegnet sind. (Das ist alles andere als selbstverständlich!) Vielleicht konnten sie instinktiv wahrnehmen, wie sehr auch Julius sich immer für die verschiedenen Arbeits- und Lebenswirklichkeiten von unterschiedlichen Menschen und sozialen Gruppen interessiert hat.

(…) Du hast oft von der Vergänglichkeit der Dinge gesprochen. Es heißt: Wenn man stirbt, kann man nichts mitnehmen. Das stimmt natürlich. Aber: Man kann etwas hinterlassen!

Und du, Julius, du hast hier so viel hinterlassen. Du hast mit deinem Leben eine tiefe Spur gezogen! Du hast das politische und kulturelle Leben Wiens über mehrere entscheidende Jahrzehnte mitgestaltet, mit deiner politischen Arbeit, mit deiner Arbeit als

Autor und Kulturkritiker und mit deiner Arbeit als Lehrer und Künstler. Vor allem aber hast du mit deiner starken Persönlichkeit einen tiefen Eindruck hinterlassen bei all den Menschen, die dich persönlich kannten. Ganz sicher hast du unser Leben bereichert. Und ganz sicher wird etwas von dir und von deinen Ideen weiterleben hier in unserer Hofgemeinschaft, nicht nur, wenn wir gemeinsam essen und unser Blick dich sucht an der Stirnseite des Tisches, wo du meist gesessen bist.

Unsere Tochter Vanessa, die bereits Teile ihrer Kindheit hier in Krug verbracht hat, bekommt im November ein Baby. Vielleicht ist es das Erste einer neuen Generation von Kindern, die bald hier herumlaufen und den Hof mit ihrem Lachen erfüllen werden. Und wenn eines von ihnen hier vorüberläuft und fragt, was das für ein Stein ist, der hier steht, dann werden wir ihm von Julius Mende erzählen, der den Grundstein für all das hier gelegt hat."

Die Enkelkinder hatten im Wald Moos gesammelt und die Aushöhlung ausgepolstert, in welche die Urne gebettet werden sollte. Ich hatte *unsere* Blume besorgt, und nachdem wir das Urnenbehältnis nach den Reden in die Mulde gelegt hatten, drapierte ich die flammend rote Anthuria obenauf. Ossi verschmierte den schweren Marmordeckel mit feierlichen Kellenschlägen. Erstmals diente uns der Stein von Julius als Grundstein für Neues: Wir stellten unsere Gläser dort ab.

Mit der sinkenden Sonne wurde der Abschied von Julius in unserer Dorf- und Hofgemeinschaft zu einem Sinnbild von Schönheit, Vergänglichkeit und neuer Wahrnehmung. Viele Dorfleute waren erstaunt über die Vielseitigkeit seiner Persönlichkeit, sie hatten ihn meist nur als den Lehrer aus der Stadt gekannt, der seine Freizeit mit vielen bunten Gestalten hier am Land verbrachte.

Dieser Tag war der letzte von mir organisierte öffentliche Abschied von Julius. Der innere Abschied sollte lang anhalten, mich nie verlassen, sich aber verändern. Es wird weniger ein Abschied sein, sondern ein Aufheben von Werten, die in einem gesellschaftlichen Wandel gehütet werden müssen wie eine vom Aussterben bedrohte Art.

4.

Meine Tochter Anja ist nach fast einem Jahr Zusammenleben mit ihren Kindern aus meiner Wohnung ausgezogen. Es war für uns alle ein schmerzlicher Abschied, aber wir wussten: Wir müssen wieder unsere eigenen Wege gehen.

Als Tatjana, unser Enkelkind, geboren wurde, hatten wir ihrer Mutter einen freien Abend in der Woche geschenkt. Dieser Donnerstag, an welchem sie ihre Chorproben hat, ist seit zwanzig Jahren bis heute der „Kindertag" geblieben. Diesen Tag habe ich auch nach Julius' Tod beibehalten, die Enkelkinder wollten das: Ich koche etwas, das ihnen und ihren Freunden schmeckt, und manchmal ist eine ganze Truppe von mittlerweile Jugendlichen in meiner Wohnung, sie erzählen mir von ihrem Leben, ihren Lieben, ihren Sorgen und hören sich meine alten Geschichten an. Oft versammelte sich nach Julius' Tod eine ganze Horde Jugendlicher in meiner Wohnung, die sich auf die Matura vorbereiteten und die ich mit Bergen von Spaghetti – so, wie Julius sie gekocht hat, wünschte sich Tatjana – unterstützt habe.

Was hinterlassen wir den folgenden Generationen wenn wir sterben?

Nach Julius' Tod hat Tatjana für ihre Matura in Deutsch das Thema Exilliteratur am Beispiel der Gedichte von Theodor Kramer gewählt, in Englisch behandelte sie die Lieder und das Leben von Bob Dylan, und im Fach bildnerische Erziehung, einem Schwerpunkt ihrer Schule, an welcher auch Julius einmal unterrichtet hatte, verglich sie die Zeichnungen von Daumier und die gesellschaftlichen Reaktionen darauf mit den Karikaturen von Haderer im Zusammenhang mit seinem Jesus-Buch und den empörten klerikalen Angriffen auf seine Darstellungen. Tatjana hat die Matura, die mitten in die Verabschiedungs- und Trauerzeit von Julius fiel, bestanden. Vor Kurzem hat Katharinas Mutter beim Zusammenräumen eine Postkarte gefunden, die ihre kleine Tochter geschrieben hat: „Lieber Julius, auch wenn Du schon tot bist, hoffe ich, dass Du ein schönes Weihnachtsfest hast", steht dort.

Oft wissen wir gar nicht, welche Spuren sichtbar werden, nachdem das Eis getaut ist. Sind die Fußstapfen eine Spur für Neues? Oder brechen wir uns unsere Knochen auf dem rutschigen Boden?

Je älter ich werde, desto mehr Erinnerung sammelt sich an wie in einem alten Haus, dessen Lebensgeschichte in Kram und Krempel überzugehen droht. Manchmal jedoch ist die Vergangenheit so sehr Gegenwart, dass sie unerträglich wird. Im Herbst hatte ich Freunde zu einem Essen eingeladen. Christine und eine andere Lehrerkollegin von Julius, die in der Nähe unseres Bauernhauses wohnt, wollte ich bewirten. Ich hatte frische Schwammerln gesammelt, auch das hatte ich neu lernen müssen: alleine durch die Wälder streifen und mich alleine über die herrlichsten Pilze

Der Tod und der Koch

freuen können. Was kocht man zu Schwammerln? – Semmelknödel! Im Tiefkühlschrank lagerten Batterien von handgerollten Knödeln. Ich hatte nie eine gute Hand für Knödel, außer für Kartoffelknödel. Julius war Meister im Semmelknödelmachen, er hatte gedanklich die Konsistenz dieser Speise aus seiner Kindheit bewahrt. Als ich das Schwammerlgulasch mit einem Berg Semmelknödel servierte, sagte ich zu den Freundinnen: Naja, jetzt erst kommt es mir, dass ja Julius diese Knödel noch mit seinen Händen geformt hat. Die Gesichter verfielen. Das Essen war peinlich, höflich würgten die Freundinnen ein paar Brocken hinunter. Nur ich aß fast andächtig, als würde mir eine Oblate zum Abendmahl gereicht.

Wie schmeckt der Tod? Bitter, sagen die einen. Süß die andern. Ich weiß es nicht. Ich weiß nur: Die Liste der Toten, meiner Freundinnen und Freunde, die gegangen sind, wird in meinem kleinen Lebenshorizont immer länger. Und jeder Verlust hat seinen eigenen Geschmack. Das weist mich auf meine eigene Vergänglichkeit hin, die ich mit stoischer Beharrlichkeit zu ignorieren versuche. Zum Beispiel beim Knödelessen. Oder wenn ich rauche. Das Sterben ist in uns seit der Geburt, das ist ein physiologischer Vorgang. Je näher wir selbst dem Tod kommen, desto ferner scheint er uns, das ist ein metaphysischer Vorgang. Doch was sagt uns die gedachte Nähe zu unserer Vergänglichkeit? Ist sie mit einer statistischen Lebenserwartung zu fassen? Mit Zukunftsrastern? Ist sie mit der Summe der Toten der vergangenen Menschheitsgeschichte zu messen, die unseren Erdball wie eine dicke Kruste von Vergänglichkeit umhüllen? Mit Überlebensstrategien, denen wir hinterherhecheln und die uns zu Tode schinden?

Der Tod ist immer da, jetzt oder dann. Unberechenbar. Das Suchen nach dem goldenen Schnitt zwischen Tod und Leben ist das kleinste fassbare und zu hütende Vermögen, das wir dem großen Unbegreiflichen, dem Ende, entgegensetzen können. Also ein Leben auch oder gerade im Wissen um unsere Verletzlichkeit. Die Wachstumsideologie unserer westlichen Fortschrittsgläubigkeit möchte unser Ende beherrschen und in die Unendlichkeit verschieben. Doch das ist unser vorzeitiger Tod.

„Man hätte denken können, dass sich wenigstens der Körper, die letzte Bastion der konkreten Individualität, mit seinen geheimnisvollen Kreisläufen, seinen Organen und seinem geheimen Leben, diesem Warenkannibalismus entziehen würde. Irrtum. Die Nieren, das Herz, die Lunge und bald auch die Leber werden zur Ware."
(Jean Ziegler: Die Lebenden und der Tod,
Ecowin Verlag Salzburg, 2011)

Anders leben heißt nicht, den Tod zu besiegen, sondern dem Leben einen Sinn abzuringen. Der goldene Schnitt ist ein Idealmaßstab. Das meiste Leben spielt sich neben ihm ab. Im Graubereich des täglichen Seins verschwimmen die Konturen. In der tödlichen Diagnose und mit dem Ahnen, dass es nur einen unbestimmbaren Ort gibt, der Klarheit verspricht, könnte das gewisse Ende vielleicht auch Hoffnung sein. Nicht der Tod ist so bedrohlich, sondern das vorherige Sterben. Die Not, die Schmerzen, die Qual, die Ungewissheit und die Last, vom geliebten Leben lassen zu müssen, bereiten uns Höllenangst.

Unsere christliche Erziehung hat uns gelehrt, die Schmerzen der Geburt und des Todes in aller Demut und mit allen zur Verfügung stehenden medizinischen oder spirituellen Techniken bis zum bitteren Ende zu erdulden, um der Hölle zu entkommen. Daran erinnert uns in Schulen und Kirchen drastisch der ans Kreuz Genagelte. Julius hat einen Strich durch diese Weltanschauung der zu ertragenden Schmerzen gezogen. Sein goldener Schnitt war der radikalste, den man zwischen Leben und Tod setzen kann.

Doch die Hölle ist das Leben selbst, das Mittelalter ist Gegenwart: In Honduras sind im Februar 2012 bei einem Brand in einem Gefängnis 400 Menschen erstickt oder bei lebendigem Leib verschmort, weil die Wärter die Türen nicht aufgesperrt haben. Wenn ich weiß, dass jede Sekunde ein Kind verhungert, weil den Bauern in den armen Weltregionen immer mehr Ackerland von multinationalen Konzernen abgeluchst wird für profitbringende Fastfood-Ketten, ist das Mord. Wenn ich weiß, dass Menschen deshalb hungern müssen, weil Anbauflächen für die Erzeugung von Biosprit missbraucht werden, ist das Zynismus. Wenn nach

Fukoshima noch immer behauptet wird, Atomkraft sei sicher, ist das Lüge. Und wenn ich in den Nachrichten höre, dass in der irakischen Hauptstadt ein Selbstmordattentäter 35 Menschen mit in den Tod genommen hat, kann ich darin nur sinnlose, fanatische Rache erkennen, auch wenn sie aus einem verzweifelten Leben entspringen mag. Das versprochene Paradies mit den Bräuten, die im Jenseits auf die Gotteskrieger warten würden, ist lebensverachtend.

„... weil es vom Sein zum Nichtsein keine Brücke gibt, sind wir so hilflos im Nachdenken über den Tod."
(Jean Améry: Hand an sich legen,
Diskurs über den Freitod, Klett-Cotta, 1979)

Noch immer komme ich mit dem Tod von Julius nicht wirklich klar, obwohl seither Monate vergangen sind. Er ist neben mir, als wäre er verreist. Die Vorstellung der Unabänderlichkeit macht mich oft mutlos. Gibt es vielleicht doch eine Ebene der Existenz, von der wir nichts wissen? Auch das Licht konnte die längste Zeit der menschlichen Geschichte physikalisch nicht entschlüsselt werden. Die dunkle Energie des Weltraums ist ein Rätsel. An ihr arbeiten sich Heere von Wissenschaftlern ab. Doch 90 Prozent unseres Universums bleiben ein dunkles Geheimnis.

Zu meinem Geburtstag ein Jahr vor seinem Tod hatte Julius mir das Buch „Astronomica – Eine Einführung in die Astronomie" mit der Widmung „Für meine wissbegierige Bärbel" geschenkt. „Im Universum liegen ‚Geburt' und ‚Tod' oft dicht beieinander", lese ich dort.

Wie werden wir sterben? Ganz sicher anders, als wir es uns vorstellen. Gewiss ist, dass ich nicht so wie Julius sterben werde. Das habe ich meiner Enkelin versprochen. Doch wie? Wie werde ich schwimmen? Und noch dazu wild und gefährlich? Dass ich wieder zu Rauchen angefangen habe, ist alles andere als wild – gefährlich allemal. Sicher ist, dass wir sterben werden, ein jeder von uns. Es erwischt uns alle, die einen früher, die anderen später, die einen friedlich, die anderen gewalttätig, die einen fanatisch, die anderen zufällig, die einen hungernd, die anderen übersättigt, die einen arm, die anderen reich, die einen in voller Absicht, die anderen überrascht, daran führt kein Weg vorbei. Nur seltsam ist, dass die heftige Abwehr gegen den Tod in unserer Zivilisation nicht als Teil unseres Lebens gesehen werden will. Wie viel Energie verbrauchen wir für seine Leugnung, für seine Entstellung, seine Entsorgung und Überlistung, wie viel menschlicher Erfindungsreichtum wird vergeudet, um ewige Jugend und ewiges Leben durch utopische, esoterische und religiöse Unsterblichkeitsphantasmen zu erlangen?

„Seit Ende des 4. Jahrhunderts wurde der Suizid als Sünde und schwerwiegender Verstoß gegen die christliche Gemeinschaft angesehen. Während noch zur Zeit der Christenverfolgung mancher christliche Märtyrer geehrt wurde, der lieber von eigener Hand starb, als seinem Glauben abzuschwören, wurde der Suizid nun plötzlich zum Frevel."
(Manfred Otzelberger: Suizid. Das Trauma der Hinterbliebenen. Erfahrungen und Auswege, Ch. Links Verlag, Berlin, 1999)

Der Tod gibt Feuer

Als im Jahr 2005 fast zeitgleich Papst Johannes Paul II. und die seit 15 Jahren im Wachkoma liegende Terri Schiavo gestorben sind – beide Tode fanden weltweit vor laufender Kamera statt –, habe ich folgenden Text geschrieben: Der Tod und die Medien.

„Mediale Sterbebegleitung mit Gottes Hilfe: Nun endlich durften der Papst und die Koma-Patientin sterben. Nicht in würdevoller Ruhe, sondern begleitet vom hysterischen Mediengetöse und fanatisch betenden Gottesfürchtigen. Seit Wochen liefen sich die Schlagzeilen um den dahinsiechenden Papst und die Koma-Patientin Schiavo den Rang ab. Wochenlange Spitzenmeldungen: Wird der Papst den österlichen Segen noch selbst erteilen können? Wie lange hält Terri Schiavo es nach der Entfernung der Magensonde ohne Nahrung aus? Auf dem Petersplatz fanden sich seit Wochen Tausende Schaulustige ein, verharrten nächtelang betend in Schlafsäcken, um einen letzten Blick auf das klägliche päpstliche Ende zu ergattern; vor dem Hospiz in Pinellas begleiteten wütend betende DemonstrantInnen seit dem 18. März den langsamen Tod der Terri Schiavo.

Das Sterben scheint in unserer vom Jugendwahn besessenen Gesellschaft einen heiligen Schauder zu verursachen. Niemand möchte sich die Reality-Show entgehen lassen. Deshalb wurden wir wochenlang mit medialer Sterbehilfe der peinlichsten Sorte gefüttert. Da ist nichts heilig, da gibt es kein Erbarmen, wenn die Kameras die sterbenden Gesichter und verfallenden Körper heranzoomen. Da erfuhren wir im ORF-Morgenjournal, dass der mit dem Tod ringende Papst anscheinend ‚sehr zäh ist', Bischof Weber war im Mittagsjournal beeindruckt von der Medienwirksamkeit des Heiligen Vaters, und die Sonderberichterstattung aus Rom ließ uns an jedem Huster des Sterbenden intensiv teilhaben. Ähnlich wurden wir mit den Einzelheiten des Ablebens der Koma-Patientin gefüttert – hat sie in der letzten Sekunde gelächelt? Hat sie nicht? Keine noch so peinliche Sequenz der streitenden Angehörigen wurde uns vorenthalten.

Das Sterben gerät zum Staatsakt – in Italien beeinträchtigte es die Wahlen, eine dreitägige Staatstrauer wurde verordnet; in Florida wurde eine öffentliche Schweigeminute eingelegt, als die

Koma-Patientin verschied, nachdem sich sogar die Präsidentenfamilie Bush gottesfürchtig gegen die Entfernung der Magensonde ausgesprochen hatte und alle gerichtlichen Instanzenwege ausgeschöpft waren.

Natürlich geht es bei den Sterbeberichten um Ideologie. Wie auch bei den Lebensstreitigkeiten. Anfang und Ende sind religiöse Schauprozesse. Wir kennen den betenden Fanatismus nicht nur von den medialen Sektenpredigern in den USA oder dortigen Attentaten auf Abtreibungskliniken. Auch hierzulande wird von betenden Fanatikern verbal Krieg geführt gegen Frauen, die einen Schwangerschaftsabbruch in einer entsprechenden Institution durchführen lassen wollen. Letztlich hat ja der Papst himself den Holocaust und Abtreibung gleichgesetzt. Vier Millionen PilgerInnen dieser Tage in Rom – da soll mir noch einmal jemand den religiösen Fanatismus der Islamisten anprangern. Und wird nicht gerade jetzt einer Mutter in Wien der Prozess gemacht, die ‚im Auftrag Gottes' ihr Kind verhungern ließ?

Der religiöse Fanatismus verhindert eine ernsthafte Diskussion darüber, wie menschlich gelebt und gestorben werden kann und welche Hilfen, etwa Palliativmedizin oder Unterstützung pflegender Angehöriger, notwendig wären für ein würdevolles Ende ohne Schmerzen. Stattdessen werden wir überhäuft mit triefender Trauer, die einen Tränennebel über die reaktionäre Grundhaltung der katholischen Kirchenobersten und ihrem autoritären Führungsstil legt. ‚Ohne Übertreibung – ganz Polen weint', lautete eine der Spitzenmeldungen zum päpstlichen Ableben. Der mediale Schulterschluss in den Tagen der Trauerzeremonie ließ kaum eine kritische Stimme zu. Stattdessen wurde als größte Tat der päpstliche Beitrag zum Fall des Kommunismus gelobt. Selbst der KPÖ-Vorsitzende brachte es in einer Aussendung gegenüber ‚kathpress' vor lauter Pietät nicht fertig, dieser Medieneinfalt etwas entgegenzusetzen und lobte den Papst als eine der ‚signifikantesten Persönlichkeiten des letzten Jahrhunderts' und seine Rolle als ‚Katalysator'.

Dabei gäbe es genug Steine zum Aufsammeln, die der Medienpapst im Laufe seines Amtes insbesondere den Frauen in den

Weg gelegt hat, nicht zuletzt, indem er vielen ReformtheologInnen das Gespräch verweigerte und auf dem Verbot der Frauenordination beharrte. Die Zeitung ‚Freitag' (10/05) bringt es auf den Punkt: ‚Johannes Paul II. hat nicht geschwiegen zum Schweigen der Kirche während des Faschismus, er war der erste Papst, der eine Moschee betrat und hat den Dialog mit anderen Religionen gesucht. Aber gleichzeitig huldigt er dem Marienkult und Wunderglauben, er spricht von den Ideologien des Bösen im 20. Jahrhundert (Faschismus und Kommunismus), nennt – wenn auch anders als kolportiert – Holocaust und Abtreibung in einem Atemzug.' 1995 ließ er den Bischof von Evreux absetzen, weil der die Partnerschaft von Homosexuellen akzeptierte und den Zölibat kritisierte. ‚So modern die Mittel sind, derer Johannes Paul II. sich bediente, so reaktionär ist seine Botschaft' (‚Freitag'). Und wohl niemand kann angesichts des Elends von Aids das päpstliche Kondom-Verbot verstehen.

Bei allem Respekt vor der Frömmigkeit des Papstes, bei aller Pietät gegenüber einem Verstorbenen – der Papst ist verantwortlich für die ‚geistige Erstarrung' der Kirche in Frauen- und Sexualitätsfragen, so die 1996 in Rom gegründete internationale Bewegung ‚Wir sind Kirche'. Gerade davon haben wir in Österreich durch Krenn & Co. einen ziemlichen Teil abbekommen. Dass diese hierarchisch, dogmatisch und autoritär strukturierte Glaubensgemeinschaft erneuerungsfähig ist, bleibt angesichts der demütig pilgernden Massenbewegung und der demütig berichtenden Massenmedien zu bezweifeln."

„Der Grund, warum die Selbsttötung auf einmal als Todsünde angesehen wurde, klingt absurd: Da der Selbstmörder seine Sünde nicht mehr bereuen konnte, war seine Seele verloren. Anders dagegen bei einem Mörder: Er konnte ja noch immer Buße tun. Augustinus wendete schließlich als erster Theologe das fünfte Gebot auf den Suizid an."
(Manfred Otzelberger: Suizid. Das Trauma der Hinterbliebenen.
Erfahrungen und Auswege, Ch. Links Verlag, Berlin, 1999)

Sterben Frauen anders als Männer? Wahrscheinlich einsamer aufgrund ihrer statistisch höheren Lebenserwartung. Wenn es um Suizid geht, sind die männlichen Entscheidungen radikaler. Sie werfen sich vor einen Zug, springen in den Tod, haben eine Waffe zur Hand oder erfrieren auf Parkbänken, wenn ihnen der Lebensrahmen des Versorgtwerdens aus unterschiedlichen Gründen abhanden gekommen ist. Frauen sterben stiller. Sie schlucken Tabletten, Psychopharmaka oder hungern sich für ein weibliches Idealmaß zu Tode. Auch im „freiwilligen" Tod werden die Geschlechterverhältnisse sichtbar. Aber Frauen sind gesellschaftlich konditioniert, länger auszuhalten, Leiden zu ertragen. Vielleicht haben sie den Fokus des Überlebenmüssens aus ihrer weiblichen Geschichte mehr verinnerlicht, was den radikalen Abschied aus einer Welt der Verantwortung gegenüber den Überlebenden einer Gemeinschaft noch schwerer macht.

Im Jahr 2010 wurden in Österreich 1.261 Suizide registriert, lese ich in einer Statistik der Universitätsklinik für Psychoanalyse und Psychotherapie der Universität in Wien: 986 Männer und 293 Frauen legten Hand an sich. Das übersteigt die Zahl der Toten durch Verkehrsunfälle. Die Zahl der Suizide ist seit Jahren rückläufig, nachdem Österreich lange zu den Spitzen der „Selbstmordländer" zählte. Wien weist die niedrigste und die Steiermark und Kärnten weisen die höchsten Suizidraten auf. Mit zunehmendem Alter steigt auch die Zahl der Selbstmorde, Männer in der Altersgruppe 65 plus seien am meisten gefährdet. Frauen vergiften sich und Männer stürzen herab oder erschießen sich, lese ich dort.

„Die Krise treibt Italiener in den Freitod", höre ich in den Morgennachrichten. Im Durchschnitt würden sich zwei Menschen pro Tag aus wirtschaftlichen Gründen das Leben nehmen. Zwischen 2008 und 2010 sei in Italien die Zahl der Selbsttötungen wegen finanzieller Sorgen um 24,6 Prozent gestiegen.

„Vor dem Tod sind alle Menschen gleich? Ja, aber nur die, die den Tod vor Augen haben. (...) Todgeweihte sind wir alle. Aber wie von Geisterhand entsteht eine Wand, wenn wir wissen, dass der eine dem Tod nahe ist, der andere nicht. Der dem nahen Tod Geweihte wird ein Fremder."
    (Dörthe Kaiser: Chanson triste. Abschied von meinem Mann.
    Verlag Herder, 2010)

Nun gehöre ich also auch zu den alten Weiblein, die putzen und einkaufen und sich fragen, wie sie den Tag verbringen werden. Was mache ich ohne Julius? Mit wem rede ich? Wer ist da, meine Angst aufzufangen? Ich bin alt geworden in den letzten Monaten. Im Gesicht schaue ich verhärmt aus, die Partie um den Mund hat bittere Züge angenommen, mein Körper verwelkt, mir fällt vieles schwer, meine Beine tun mir weh – ich wollte doch zusammen mit Julius alt werden! Nun merke ich, dass ich schon auf der anderen Seite bin, dort, wo die Alten in die Unsichtbarkeit geschoben werden. Wie lange wird es dauern, bis es gesellschaftlich akzeptiert ist, alte Menschen als unnütze Esser und unsoziale Platzbesetzer, als Pensionsschmarotzer und Krankenkostenbelastende abzuschieben?

In Würde alt werden? Julius hat schon gewusst, was er getan hat - als kranker, alter Mann. Nur was soll ich tun? Ich habe meine vielen Freundinnen, meine Kinder, das ist gut. Und der Katharina habe ich versprochen, so etwas, wie Julius getan hat, nie zu machen. Dieses Versprechen werde ich halten.

Mit dem zur Schau gestellten Tod ist es ähnlich wie mit der Sexualität. Der öffentliche Auftritt findet auf einer überbelichteten Schaustellerbühne in Krimis, Horrorfilmen, Pornodarstellungen, an Kriegsschauplätzen und auf einschlägigen Sites im Internet statt: die Vermarktung von Schrecken und Lust. Die obszönen Darstellungen muten wie Beschwörungsformeln an, mit denen das Nichtbegreifbare von Leben, Tod und Liebe in Schach gehalten werden soll. An die Oberfläche dringen die entstellten, völlig hilflosen Formen und werden in ihrer bizarren Nacktheit ausgestellt.

Die Kontaktannoncen im „Waldviertler", der Gratiszeitung bei uns am Land, die ich meist am Klo lese, belustigen mich. Wenn ich lese: „Rüstige 65-jährige Witwe sucht ...", denke ich amüsiert: So eine Alte, was will denn die noch ... Mit Erschrecken stellte ich aber plötzlich fest: Das könnte ja ich sein. Diese Frau möchte nicht alleine leben. Diese Frau sucht – was? So viel Einsamkeit, Verzweiflung und Sehnsucht. Hinter die Zeilen schauen. Das Verborgene in seiner Banalität würdigen. Sehen lernen.

Was mir am meisten fehlen würde, fragte meine Freundin Elisabeth. Gespräche, Vertrautheit, Zärtlichkeit, Gewissheit, Vertrauen in die Zukunft, sagte ich zu ihr. Morgens aufwachen und sich gemeinsam über einen Sonnentag freuen können. Abends eng umschlungen einschlafen und den vertrauten Geruch des anderen atmen. Am wenigsten fehlt mir Sex. Neues zu lernen, heißt für mich auch, mit meinen Gefühlen achtsam umzugehen, den Wunsch nach Zuneigung und Zärtlichkeit für mich neu zu definieren. Weshalb also amüsiere ich mich beim Lesen von derartigen Kontaktanzeigen, die doch im Klartext auch von meinen Ängsten sprechen? Niemand möchte im Leben einsam sein. Einsam ist nur der Tod. Doch vor dem Tod gibt es die Zeitspanne Leben.

5.

Nach Julius' Tod war mir unklar, ob ich jemals wieder einen Fuß über die Schwelle unseres Bauernhauses würde setzen können. Auch aus diesem Grund: In dem alten Haus hatte sich in den letzten Jahren ein Hausschwamm gebildet. Der kroch wie ein böses Tier aus den Ecken und hatte schon größere Teile des Holzbodens vernichtet. Es gab zwei Alternativen: alles dem zytologischen Verfall zu überlassen oder zu renovieren. In unserem gemeinsamen Leben hatten wir uns vorgenommen, den Hausschwamm zu vertilgen, wenn die Mutter nicht mehr unserer Hilfe bedürfe. Wir wussten, das wäre ein umfangreiches Projekt, denn die Bodenbretter waren schon morsch und unterirdisch fraß sich der Pilz unerbittlich durch das Haus. Das war für mich ein Sinnbild von Vernichtung und Tod, der letztendlich immer siegen würde.

Mit der Entscheidung, die Urne ins Waldviertel zu überführen, hatte ich mich gefühlsmäßig festgelegt. Ich würde mich der Vernichtung des Hauses durch den Schwamm entgegenstellen. Im zweiten Sommer nach Julius' Tod entschloss ich mich zu einem Großangriff auf den Hausschwamm: Bodenbretter vollständig heraus nehmen, alles einen halben Meter tief ausgraben, Wände abschlagen, neuen Untergrund, neue Isolierungen, neue Fichtenböden legen, ausmalen, Fenster streichen … Während dieser Arbeiten, bei denen mir meine Freundinnen und Freunde auch durch die Vermittlung von günstigen Handwerkern halfen, entdeckte ich etwas Neues. Der alte Nachbar, der so viel in unserem Bauernhaus an- und umgebaut hatte und der inzwischen auch nicht mehr lebt, meinte damals: Um den Schutt des ausgegrabenen Untergrundes leichter ins Freie zu befördern, könne das kleine Fenster zur westlichen Sonnenseite aufgestemmt werden, um dort das Material hinauszubringen, das Fenster könne man dann problemlos wieder zumauern. Zumauern? Durch das aufgebrochene Fenster wurde mein Blick in die weite Landschaft frei, zu jenem Horizont, an welchem sich die ganze Radiusbreite der Sonnenuntergänge vom Frühling bis zum Winter zeigt und zu welchem auch der Urnenstein von Julius weist. Weshalb zumauern? Ich erweiterte meinen Blick, nahm die Landschaftsfülle wahr, die Wiesen, die Apfelbäume, die Wälder in der Ferne und das Gras, das ins Haus zu wachsen scheint. Alles lag zu meinen Füßen. Alles. Ich muss es mir nehmen – das Leben, dachte ich. Ich entschloss mich, diesen großen Blick ins Freie zu vergrößern und ließ eine große, breite Glastür einmauern.

Heute gehe ich an dieser Tür vorbei, durch die das Licht in den unterschiedlichsten Tönungen ins Haus dringt, durch die der Mond scheint, an welche Wetter, Wind, Regen und Schnee schlagen, und ich denke: Na Julius, was hättest du dazu gesagt? Ich bin mir sicher, ihm hätte es gefallen, er, der das Licht so liebte, der in ästhetischen Fragen so etwas wie eine Instanz war, er, die „Ästhetik-Kommission". Heute steht an der Stirnseite des Zimmers die chromversiegelte Trödlersitzbank, die ich aus Wien in unser Landhaus bugsiert habe, auf der ich liegend in die ferne Landschaft schauen und meinen Gedanken nachgehen kann. Ein Gedanke lässt mich nicht los: Wie wären die letzten Tage, Monate, vielleicht auch Jahre seines Lebens ohne seine Entscheidung verlaufen? Wäre an diesem Platz in dem neugestalteten Haus mit dem weiten Blick in die Wolken sein gewisses Ende friedlicher gewesen?

Ich lebe mit dir ohne dich, denke ich und weiß: *Das* habe ich für mich getan, für *mein* Weiterleben in unserem Haus.

„Eine Selbsttötung ist nicht nur ein plötzlicher Tod, sie ist auch die am stärksten tabuisierte Todesursache in unserer Gesellschaft. Geheim-

nisse und Vorurteile ranken sich um jeden einzelnen Suizid. Das Sterben durch eine Selbsttötung wird zum Inhalt von Angstfantasien, der Tod und die Todesart selbst werden häufig verschwiegen."
(Chris Paul: Warum hast du uns das angetan?
Ein Begleitbuch für Trauernde, wenn sich jemand
das Leben genommen hat, Gütersloher Verlagshaus, 2006)

Es war ein eisig kalter Wintertag im dritten Jahr nach Julius' Tod. Die Holzscheite in den Öfen in meinem Bauernhaus verbreiteten behagliche Wärme. An der großen Glastür, die ich im Sommer davor hatte einmauern lassen, trieben die Schneeflocken waagerecht vorbei. Ich hatte allmählich gelernt, auch alleine in mein Haus zu kommen und es nicht als erdrückende Verlassenheit zu empfinden, wenn niemand von unserer Hofgemeinschaft anwesend war. Ich hatte mir durch die radikale Vernichtung des Hausschwamms meinen eigenen Platz in den neu gestalteten Innenräumen erobert. Das Alte hatte ich sorgsam bewahrt, das Neue zugelassen. Durch die neuen Lichteinwirkungen bekam das Haus eine andere Gegenwart. Das Licht erhellte die dunklen Schatten und schickte selbst an düsteren Wintertagen den Schein von Wärme in die Winkel. Sicher hatte der neue, helle Fichtenboden dazu beigetragen, dass die Räume behaglicher wirkten, vor allem aber war es die Landschaft, die sich im Sommer in ihrer üppigen Fülle und im Winter in ihrer reduzierten Kargheit durch die Glastür in das Haus hineinschob.

Niemand von unseren Hofleuten war an diesem Wintertag da. Ich hörte die Johannes-Passion. Unsere erste Liebesnacht kam mir in den Sinn, in welcher ich an jenem Karfreitag vor einem viertel Jahrhundert erstaunt und voll innerer Bereitschaft wahrnahm, dass ihn, den Radikalen, den wilden linken Revoluzzer und gegen alle kirchlichen Dogmen aufbegehrenden Antiautoritären, Johann Sebastian Bachs Passion anrührte und sein Inneres erreichte. Die Musik drang aus dem blechern tönenden Radio zu uns in Bett, Oh Haupt voll Blut und Wunden. Unsere Herzen schlugen im gleichen Takt.

Ich trat an die Glastür und schaute dem Schneetreiben zu. Und erstarrte. Mein Blick fiel auf den Urnenstein, und ich konnte es nicht fassen: der Deckel hatte sich zur Landschaft hin um Zentimeter gehoben. Vergangenes trat unvorbereitet und heftig in die Gegenwart. Oh Haupt voll Blut und Wunden, tönte es aus dem CD-Player, den Julius am Wochenende vor seinem Tod zum Klingen gebracht hatte.

Ich zweifelte an meinem Wahrnehmungsvermögen, schob den Gedanken an die Grabplatte aus der Jesus-Legende fort, ich bin nicht Maria Magdalena, ich spürte Angst aufsteigen. Nach Stunden wagte ich es endlich, mich diesem seltsamen Ereignis zu nähern. Aus dem Innern der Urnenaushöhlung drängte eine bräunliche, glitzernde Masse ins Freie, die wie ein schöner, dunkler Edelstein schimmerte. Und nun erkannte ich, dass alles eine normale Erklärung hatte: Der starke Frost hatte das Wasser, das durch undichte Stellen in die Urnenmulde gedrungen war, zu Eis erstarren lassen, das den Deckel des Steins gehoben hatte und jetzt als dunkelglänzendes Gebilde ins Freie strebte.

Nun bist du doch aus deinem Gefängnis weggeflogen, dachte ich. Schwarzer Vogel, flieg!

Als es taute und der Deckel sich wieder gesenkt hatte, säuberten wir das Innere des Steins, hoben die Urne heraus, trockneten sie ab, und Ossi, der Bildhauer, versiegelte alles neu mit Silikon.

„Der Tod widerspricht der Vernunft. Damit er nicht zum Terminator einer ganzen Gemeinschaft wird, muss er rituell besiegt werden. Die Todesrituale sind Rituale des Übergangs von einer Ordnung zur anderen: von der Kollektiv-Existenz, in der der Tote als Lebendiger vorhanden war, zur Sozialformation, in der er jetzt nicht mehr präsent ist und nie mehr präsent sein wird."

(Jean Ziegler: Die Lebenden und der Tod,
Ecowin Verlag Salzburg, 2011)

6.

Schreiben heißt sich selber lesen, sagt Max Frisch. Im Herbst nach Julius' Tod habe ich mich schreibend herangewagt an das Thema Tod. Nicht an seinen. Das sollte noch weitere vier Jahre dauern, bis ich dazu fähig sein würde. Ich habe im Herbst, im Jahr der Tode, meine Erinnerungen an die vierjährige Betreuung meiner demenzkranken Mutter und ihren Tod in dem Buch „Alter Vogel, flieg! Tagebuch einer pflegenden Tochter" verarbeitet, das später auch Grundlage für das Konzept zu dem Film „Mehr

Der Tod betritt das Zimmer

als ich kann – ein Film über den Pflegealltag im Verborgenen", den der Filmemacher Herbert Link gedreht hat, werden sollte. Dieses Buch ist mit den Illustrationen bebildert, die mein Mann von meiner Mutter gemacht hat, während er auf sie „aufpasste". Der Tod von Julius und der meiner Mutter fielen in die Zeit, während der ich das Buch fertigstellte.

Aufschreiben heißt für mich überleben, mich schreibend von der Vergangenheit zu lösen, dachte ich. Doch je mehr ich schrieb, desto gegenwärtiger wurde Vergangenes. Im Schreiben durchlebte ich noch einmal die Tode, den der Mutter zuerst und später jenen von Julius. Das Unsagbare wurde sagbar, das Unverständliche verstehbar. Ich las mich selbst. Stellte mich in Bezug zum Geschehenen und entdeckte, dass Erinnerung Gegenwart ist, die, gefiltert durch nochmalige Belichtung, ein anderes Bild ergibt. Nichts wiederholt sich, aber nichts ist verschwunden.

Ein Leben vor dem Tod? Die Zeitspanne Leben – doch welches? Der Lebensabend, wie es so idyllisch heißt, erschreckt mich. Eigentlich ist er eine Zumutung. Dort erwarten uns Krankheit, Beschwernis, Einsamkeit, Schmerz. Dort also bin ich angekommen, vielleicht noch nicht ganz, aber mit Riesenschritten nähere ich mich der Endlichkeit. Ich weiß, dass ich alt geworden bin und meine Zeitspanne immer überschaubarer wird. Aber wer weiß das schon wirklich. Der Tod kann jetzt kommen oder in Jahren, vielleicht in ein, zwei Jahrzehnten. Dann aber gewiss. Ich versuche, mich ihm freundlich zu nähern, aber mit dem respektvollen Abstand, der ihm gebührt.

Wenn ich in den Spiegel schaue, entdecke ich immer öfter das Bild meiner Mutter. Ihre Pflege, ihr und Julius' Tod haben mich nicht jünger gemacht. Manchmal erkenne ich mich selbst nicht mehr. So alt bin ich geworden? Die eingekerbten Lebensspuren im Gesicht und am Körper stören das Bild makelloser Unversehrtheit, das diese Gesellschaft als Sollvorgabe hat, und erinnern unerbittlich an die graue Zukunft. Die will ja niemand wissen, außer im Horoskop und in der Kristallkugel. Alte Frauen sind die Faust aufs Auge für jeden Wellness-Manager und der Stoff, aus dem sich die Honorarnoten der Schönheitschirurgen zusammensetzen. Auf Messers Schneide: Fett weg, Falten weg, Busen fester, Haare blonder, Lippen größer, Hirn und Bankkonto kleiner. Auf Messers Schneide das Morgen: Menschen aus Fleisch und Blut, Dicke, Dünne, Schwarze, Kranke, Alte, Hässliche passen schon nicht mehr dort hinein. Es wird bereits daran gebastelt, dass nur mehr genormte, gesunde Einheitsmenschen versicherungswürdig sind.

Kann man dem Altwerden etwas Lustvolles abgewinnen? Sollte ich mir vielleicht wieder die Haare färben? Es war ja Julius, der mich damals überredet hatte, mit dem lästigen Färben aufzuhören und meine grauen Haare herauswachsen zu lassen. Das steht dir sicher gut, meinte er, du hast ein junges Gesicht und einen ungewöhnlich radikalen Kurzhaarschnitt, du wirst sehen, das schaut gut aus. So machte er mir Mut, mich von der schwarzen russischen Saatkrähe, wie er mich oft zärtlich nannte, zu verabschieden. Heute bin ich eine graue Krähe, ein weißer Unglücksrabe.

Doch wenn ich manchmal morgens ausgeschlafen aus meinem Bett steige, mich nach einer warm-kalten Dusche vor den Spiegel stelle und mein Gesicht und meinen Körper betrachte, die mir seitenverkehrt mein Ich spiegeln, bin ich eigentlich ganz zufrieden mit mir.

Gut schaust du aus, sagen mir manchmal Freunde, die mich länger nicht gesehen haben. Das freut mich. Ich erinnere mich, dass ich Gleiches meiner Mutter umso öfter sagte, je älter sie wurde. Mit dem Älterwerden erlebt man den Frühling und die Landschaft intensiver, sagt Susi zu mir, während wir durch den Botanischen Garten laufen. Warum, frage ich, sind wir mit dem Älterwerden sentimentaler geworden? Nein, sagt Susi, aber es könnte sein, dass dies der letzte Frühling ist, den wir erleben. Diese Ahnung lässt intensiver schauen.

Reformationstag, Weltspartag, Allerheiligen. Sparen aufs Sterben. Ich habe eine Kerze auf den Stein von Julius gestellt, auch das hätte ihm nicht gefallen, und ich habe gedacht: Na, mein Alter, hab' ich alles richtig in deinem Sinn gemacht? Ich weiß es nicht. Aber ich habe mich bemüht. Wie beim Kindererziehen: Das Beste habe ich versucht, aber es war immer zu wenig, zu unvollkommen, zu wenig durchdacht, zu viel an erfahrener Erkenntnis habe ich nicht beachtet, es war immer zu dürftig trotz aller Mühe. Ich habe die Kerze auf den Stein gestellt in der tröstlichen Erinnerung an die Rituale, die dem Leben einen Faden geben können, auch wenn er immer mürber wird. Rituale haben einen Sinn, wenngleich diese vom Konsum erstickt werden. Sparen für die Zahnreparatur hat einen Sinn, wenngleich das Angesparte in der unersättlichen Gier der Finanzmärkte wieder durch die Finger rinnt.

Der Tod als wahrgenommene Grenze hat einen Sinn, wenngleich er von der Lebensgier verdrängt wird. Das schmal gewordene Fadenkreuz zwischen Leben und Tod lässt die Erinnerungen an unsere Toten verblassen, mehr noch: wir selbst sind brüchig und blass vor Gier, nicht genug gelebt zu haben.

In meinem Buch „Alter Vogel, flieg!" habe ich mich gefragt: Wie ist das mit dem Sterben? Wann werden wir sterben? Und wie? In Zusammenhang mit der niederträchtigen Diskussion über die Last der Alten in unserer Gesellschaft, über Wirtschaftskrise, nicht zu finanzierende Sozialleistungen und Sparzwang entwerfe ich dort eine zynische Vision, die mit zunehmender politischer Ratlosigkeit Realität für die sterbenden Europäer werden könnte:

„Es werden staatlich geförderte Altenentsorgungsanstalten gebaut. Jede Familie, die einen alten Verwandten überredet, dort hinzugehen, bekommt einen Bonus für die eigene Pension angerechnet. (...) Die Einsicht in die alterskluge Vernunft ist gefordert. Und weil immer mehr Menschen im Alter an Demenz leiden werden, ist es ratsam, beizeiten mit der Sterbeüberredung anzufangen und einen diesbezüglichen Vorsorgevertrag für das rechtzeitige Abtreten abzuschließen. Die privatisierten Amtsstuben werden dabei helfen, und in freier Konkurrenz werden auch unterschiedlichste Angebote für den Familienbonus auszukundschaften sein. Da alte Omas und Opas für das Studium des Enkels selbst ihr letztes sauer vom Mund abgezwacktes Sparbuch opfern, werden sie auch ihr Leben freiwillig hingeben, wenn die nachfolgenden Generationen dadurch mehr Zukunft haben."

In den USA würden immer häufiger Container in den Gärten der Häuser stehen. Dorthin würden die zu pflegenden Angehörigen verfrachtet, die in keiner öffentlichen Einrichtung und auch nicht von der Familie versorgt werden. Diese „Mad-Boxen" seien ein Ausdruck gesellschaftlicher Kälte und Isolierung, sagt der Radiosprecher, es sei eine Frage der Zeit, wann derartige „Lebensendkisten" auch in den Vorgärten europäischer Villengegenden stehen würden.

Ich zähle mit zunehmender Lebenserwartung zum alten Müll. Wie werden sie einmal mit mir Müll umgehen? Der Tod ist in unserer Gesellschaft zu einem Entsorgungsproblem geworden.

„Die symbolische Gewalt der kapitalistischen Gesellschaft macht aus dem Tod ein absurdes Ereignis, das einer Existenz ein Ende setzt, die sie nach ihren eigenen Warenmaßstäben aufgebaut und beurteilt hat."
(Jean Ziegler: Die Lebenden und der Tod,
Ecowin Verlag Salzburg, 2011)

Ich hatte mir nach Julius' Tod ein Jahr Bedenkzeit gegeben, um herauszufinden, wie ich mein weiteres Leben gestalten würde. Ich bitte euch, ermahnte ich meine Kinder und Enkelkinder, sagt mir, wenn ich seltsam werde. Dass mir manchmal Namen nicht einfallen, die mir auf der Zunge liegen, beunruhigt mich heute nicht mehr so sehr wie zu jener Zeit, als meine demenzkranke Mutter von uns betreut wurde und ich hilflos ansehen musste, wie sie verzweifelt nach Worten suchte. Immer häufiger erzählen mir Menschen, dass es ihnen ähnlich gehen würde, dass ihnen die Namen von Freunden, die sie länger nicht gesehen haben, entgleiten würden. Ich bin also nicht die Einzige. Meine Freundin Heidi meinte: Das braucht dich nicht zu kümmern, das solle die Sorge der anderen sein.

Ich brauche neben meiner Familie ein Korrektiv für meinen Alltag, etwas, das mich auf Trab und am Leben hält. Und so habe ich begonnen, meine große Wohnung ab und zu für Studierende zu öffnen, die für die kurze Zeit ihres Erasmus-Studiums oder ihrer Projektarbeit eine Bleibe suchen. Daraus haben sich mitunter die schönsten Freundschaften entwickelt. Auch das war ein neuer Lernprozess für mich: die Lebens- und Studienbedingungen dieser jungen Leute aus anderen Ländern kennen zu lernen, mit ihnen am selben Tisch zu sitzen und manchmal gemeinsam zu kochen. Ich habe in den Gesprächen nicht nur mein Englisch etwas auffrischen können, vor allem habe ich gemerkt, dass diese Jugendlichen alles andere als apolitische Konsum-Trotteln sind. Sie machen sich Sorgen über den Zustand der Welt und kämpfen auf ihre Art gegen die Zerstörung ihrer Lebensgrundlagen. Viele von ihnen ernähren sich vegetarisch, worüber ich mich anfangs sehr gewundert habe, sie essen keine toten Tiere aus weltanschaulicher Überzeugung, weil das umweltpolitisch unkorrekt ist. Und sie sind online. Immer erreichbar. Fast immer erreichbar auf der Mailbox, also nicht erreichbar. Sie hocken vor ihren Computern, sind weltweit vernetzt, schütten Tee oder Saft über die Tastatur, was meist eine Katastrophe schlimmer noch als Lars von Triers Melancholia-Weltuntergangsszenario ist, sie sind mit Tausenden Netzwerkern in Kontakt, organisieren Demos, geben ihre personenbezogenen Daten gedankenlos preis, sie sind www-weltoffen, lassen unentwegt das Licht brennen, diese kostbare Ressource, was mich an die Nachkriegszeit denken lässt, als wir erst lang nach dem Dunkelwerden die Lampen, eine Vierziger-Watt-Glühbirne pro Zimmer, aus Spargründen anschalten durften. Da erzählten uns die Eltern im Dämmerlicht noch Märchen. Heute kommen die Märchen online.

Die Jungen gehen mit mir alter Frau respektvoll und freundlich um und interessieren sich für meine verstaubten Erzählungen. Von Ordnung halten die männlichen Exemplare manchmal nicht viel. Vielleicht lernen sie ja auch von mir ein bisschen was. Toleranz. Offenheit. Oder die gewaschene Wäsche nicht als nasse Klumpen auf den Trockenständer zu legen. Doch was für eine zeitzerrissene Generation! „Heute gibt es in ganz Europa, wie man weiß, junge Menschen, die bestens ausgebildet sind und über viele Jahre über prekäre und verächtliche Formen wie Praktika nicht hinausfinden und sich dauernd mit neuen Tätigkeiten über Wasser halten müssen", sagt Karl-Markus Gauß in seinem

Buch „Ruhm am Nachmittag". Jener Autor, in dessen Buch „Die sterbenden Europäer" Julius mir seine Abschiedszeilen geschrieben hatte.

Werden es die Jungen besser machen als wir Alten? Ich hoffe, dass die medial inszenierten Hetzkampagnen Jung gegen Alt nicht auf fruchtbaren Boden fallen. „... alle sollen was bauen. Da kann man allen trauen. Die Jungen sollen's erreichen. Die Alten desgleichen", heißt es in „Bitten der Kinder" von Bertold Brecht.

Die Gemeinschaft bei uns draußen am Land musste nach Julius' Tod neu gedacht werden. Es war ja von uns Alten die Vorstellung, hier in großer Runde gemeinsam alt werden zu können.

Doch immer mehr Jugend drängt hinaus ins Waldviertel. Die Kinder, Enkelkinder und deren Freunde belagern im Sommer die Wiesen, baden im Teich, und Wolfgang und Barbara, ehemalige Studenten von Julius, die sich hier auf einem Seminar kennen und lieben gelernt haben, zählen mittlerweile zur Stammbelegschaft an den Wochenenden in einem Teil der Gebäude. Im Winter und im Sommer finden seit Jahren die Frauenseminare statt, zu welchen zwanzig oder mehr Frauen kommen und die Julius immer bekocht hat, so wie ich seine Lehrer- und Blockseminare der Akademie immer kulinarisch umsorgt habe.

All diese Aktivitäten finden weiter statt. Ohne Julius. Das alte Haus lebt. Ich lebe.

Aber wie lange noch? Ich habe mich in weiser Voraussicht und in Anbetracht meines fast 70-jährigen Lebens von meinem Besitz getrennt, alle Verantwortung an die nachfolgenden Generationen übergeben und mich auf ein besitzloses Altenteil in meinem Bauerhaus beschränkt. In vollem Vertrauen auf die Jungen, dass die das Beste für ihr Leben daraus machen. Ich spiele wie die alten Schauspieler nur noch eine Nebenrolle im Schauspiel Leben. Und wie alle unbelehrbaren Alten hoffe ich darauf, irgendwann einmal schmerzlos tot umzufallen, ohne anderen eine Last gewesen zu sein. Ich weiß aber, auch für diesen letzten Teil sollte ich Klarheit für alle schaffen, ich habe noch immer keine

Patientenverfügung gemacht, und noch immer träume ich vom gemeinsamen Altwerden der Generationen jenseits der institutionalisierten Versorgungsanstalten – oder auch in ihnen, wenn sie so beschaffen sind, dass man gerne dort hingeht.

Ich will bis zum ungewissen Ende in würdiger Form leben. Ist das zu viel verlangt?

„Was den Tod anbelangt, ist die kulturelle Strategie der herrschenden Klasse erfolgreich: Mithilfe des Bildes vom natürlichen und universalen Tod, das sie pflegt und den beherrschten Klassen aufzwingt, verbietet sie ihnen, sich ein Bild zu schaffen und als wahr zu erklären, das ihre eigene Todeserfahrung spiegelt, das ihrer Klassenerfahrung entspricht und dessen antagonistische Gestalt als Waffe des Bewusstseins und der Revolte dienen könnte."
(Jean Ziegler: Die Lebenden und der Tod,
Ecowin Verlag Salzburg, 2011)

In meinem Buch „Alter Vogel, flieg!" schrieb ich die folgende Passage:

„Ich sehe diese vielen Läuferinnen und Läufer auf der Hauptallee im Prater, diese gequälten Gesichter, diese entzückten, entrückten Mienen, dieses Bei-sich-sein-Wollen, diese Entfremdung von sich und diese frequenzmessenden Armaturen an Handgelenken, Input, Output, der menschliche Verbrennungsmotor wird überwacht, angespornt, technisch hochgerüstet, physisch gedopt, psychisch gefoppt, alle haben ihre Ohrenstöpsel angelegt, als würden sie an einer Nabelschnur hängen, selbst Armatur, selbst Maschine, lebe ich noch? Sich an den Startbalken des täglichen Überlebens in Position bringen, kraftvoll, voller Zuversicht, Ewigkeit durch qualvolle Lust gewinnen, unsterblich der Glaube an die Machbarkeit, Lebensbeherrschung durch Zurichtung, fit für die Leistungsgesellschaft, die uns das Letzte abverlangt, und wir geben es freiwillig, das Allerletzte, unser Leben. Und dann am Ende der Allee diese Verzweiflung, dieses Lustverlöschen, diese verbrauchten Glückshormone und dieses Nichts-wissen-von-Sich und der entzückte, entrückte Blick, der uns am Ende vormachen möchte, wir hätten alles im Griff.

Schräg gegenüber das Pflegeheim, in welchem Mutter im zweiten Stock mit gekrümmtem Rücken und leerem Blick an der langen Stange im langen Gang angestrengt entlangschlurft, auf und ab, hin und zurück, immer wieder vor und zurück, Stunde um Stunde, sich wie eine Marathonläuferin hineinbewegt ins Gestern, ins Geistern, ins Gespenstern, keine Glückshormone, kein Bei-sich-Sein, nur Qual, nur Mühsal und Vergänglichkeit. Unten im Prater Läufer, oben im Pflegeheim Läuferinnen, und alle laufen an gegen den Tod."

„Trotz all dieser Überlegungen aus und über das Jenseits und obwohl man sich an Sokrates halten kann, dessen Einsicht darin gipfelte, dass er sagte: ‚Wo der Tod ist, bin ich nicht, wo ich bin, ist der Tod nicht' bleibt der Tod ein Skandal und Ärgernis. Es ist nicht so, dass diese Einsicht wirklich tröstet. Immer ist der Tod eines nahe stehenden Menschen von Schmerz, Trauer, Einsamkeit begleitet, die durch wissenschaftliche Erkenntnisse und bloße Einsicht nicht vergehen ... Was folgt aus dem Ganzen? Wir sollten uns eher um das Leben vor dem Tode kümmern, wo Handlungsmöglichkeiten, wenn auch in kleinem Umfang, vorhanden sind, wo wir uns um unsere Lieben, aber auch um Fernerstehende annehmen können."
(Peter Fleissner: Gibt es ein Leben nach dem Tod?
fleissner@arrakis.es, 2005)

Dass ich mich noch einmal verlieben könnte, so richtig tief und mit allen nicht wägbaren Risiken, die das Leben bereithält, ist unwahrscheinlich. Ich kenne meine Begrenztheit. Und ich kenne meine Ansprüche an ein gemeinsam gestaltetes Leben. Die Latte, die das Zusammenleben mit Julius gelegt hat, ist hoch. Sie zu überwinden wäre eine Fleißaufgabe. Will ich das? Kann das wer? Meine feministische Lebensgrundhaltung ist nicht gerade der Stoff, aus dem sich rosenumrankte Wolkenschlösser bauen lassen. Aber der Traum ist da. Was ich aus manchen traumwandlerischen Begegnungen gelernt habe: Ich kann fühlen, ich bin nicht tot. Julius sagte einmal: Bevor der Sargdeckel nicht zu ist, ist keine Ruh'.

Dann schlug der Blitz ein. Ich war auf einem Seminar in Italien, im vierten Jahr nach Julius' Tod, als mich der Anruf von meinen Leuten am Land erreichte: Ein grellroter Blitz hatte wie aus heiterem Himmel den Kamin und das Dach und alle elektrischen Anlagen in meinem Haus vernichtet. Gebrannt hat es nicht. Werde ich jetzt seltsam? Diesen Anschlag auf mein neu zu gestaltendes Leben habe ich wie eine Warnung verstanden, mich nicht auf die Naturgewalten von undefinierbaren Gefühlen einzulassen, die ich in den vergangenen Monaten gehegt hatte. Die Begegnung mit einem Menschen, der verschüttet geglaubtes Empfinden in mir geweckt hatte, war eine Fata Morgana. Unmöglich. Ganz und gar ausgeschlossen! Das Traumkino fand in meinem Kopf statt.

„Fälle gibt es, wo der Schein so sehr der Wahrheit gleicht, dass auch der Mutigste den Mut verliert, zu zweifeln." Diesen Spruch von Ernst Raupach, Spruchautor an den Hofbühnen in der ersten Hälfte des 19. Jahrhunderts, habe ich mir über meinen Schreibtisch gehängt.

Der Blitz hat mich ernüchtert und auf den Boden der Tatsachen zurückgeholt. Ich verbrachte den nahenden Herbst damit, die Schäden an meinem Herzen und an meinem Haus zu reparieren.

7.

Der vierte Sommer nach Julius' Tod. Die Sonne glüht, der Wind streicht durch das Schilf und kräuselt die Wellen auf dem Teich. Die weißen Wolken vor dem blauen Himmel verführen zum Träumen:

Ich liege still
im hohen, grünen Gras
es zieht mich zu den Wolken hin
mir ist, als wenn ich längst gestorben bin ...

So langsam finden sich die 16 Teilnehmenden an diesem Workshop ein, Mädchen, Männer, Frauen von 16 Jahren aufwärts und ich als Älteste in dieser Runde. Der Workshop findet in meinem Bauernhaus im Waldviertel zum Thema „Die Kunst des Erinnerns" statt. Dabei soll es um die Verarbeitung und Erarbeitung von Erinnerungstexten gehen und die Kunst, das Erinnern in darstellenden Performances oder durch andere Ausdrucksmittel wie audiovisuelle Medien auszudrücken. Es ist kein Trauerseminar. Es geht um Erinnerungsarbeit.

Inge hat ein kleines Köfferchen mitgebracht, aus dem sich kuriose Gegenstände herausschälen: ein Büchlein, in welchem sich die Gäste ihrer häuslichen Zusammenkünfte verewigt haben, ein paar Zeichnungen, Fotos, ein Puppengeschirr, ein Würfel, ein Kleeblatt, ein Püppchen. Klaus hat eine gerahmte Fotomontage seiner Verwandten und seines verstorbenen Vaters mitgebracht. Herbert packt seine Videokamera aus und montiert die Leinwand und das technische Zubehör für Filmvorführungen in meinem Schlafzimmer. Ich selbst habe ein paar Stifte und Notizbücher besorgt und lege sie auf den Tisch unter der Weinlaube.

Mir ist, als fehle mir etwas. Also streife ich durch mein Haus. Ich finde in dem Kasten für Krimskrams Zeichnungen meiner En-

Baseler Totentanz: Der Tod zum Maler

kelkinder und hänge ein paar von ihnen an die Wand. Ich finde das große Foto meiner Mutter, worauf sie uns die Zunge entgegenstreckt, und stelle es auf das „Erinnerungstischchen" unter die Weinlaube. Ich nehme das Foto von Julius, auf dem er lässig-entspannt auf einer Steinmauer liegt und das in meinem Schlafzimmer hängt. Ich stelle es zu den erinnerten Gegenständen.

Beim Rundgang durch unser Haus stoße ich unentwegt auf Erinnerungsstücke: den Weinflaschenverschluss aus Holz, dessen Krönung ein geschnitztes Pärchen abgibt, das sich küsst, wenn man einen kleinen Hebel oberhalb es Stoppels hin und her bewegt, die Kinder haben unzählige Male damit gespielt; den getrockneten Lorbeerzweig aus Italien, das war unsere letzte gemeinsamen Urlaubsreise; seine „Rowachol"-Topfen, die er gegen Magenbeschwerden nahm; die längst geleerte Weinflasche mit der Aufschrift „Krug" und der erotischen Zeichnung, die uns damals in Mödling zum reichsten Weinbauern des Ortes gebracht hatte. Und seine Malereien. Ein paar dieser Dinge lege ich zu den Erinnerungen. Das Buch „Die sterbenden Europäer" bleibt verschlossen in meiner Schreibtischlade. So wie auch die Liebesbriefe, die ich ihm vor vergangener Zeit geschrieben habe und die ich sorgfältig gebündelt nach seinem Tod bei seinen Unterlagen fand.

Ich breite eine Decke auf der Wiese aus. Schaue in den Himmel. Warte auf meine Leute, die sich mit Erinnerungstexten befassen möchten. Die Schwalben fliegen tiefer, wird ein Wetter kommen? In kleinen Gruppen besprechen die Teilnehmenden, wie sie das Thema angehen werden. Zwei junge Mädchen entschließen sich zu einer Performance, in welcher sie sich die Texte der jeweils anderen zum Thema Tod und Vergänglichkeit vorlesen, während dessen sie sich mit Lehmfarbe die Lebensspuren ins Gesicht malen. Eine andere Gruppe plant ein bewegtes Theaterstück, dessen Handlung von Tod und Erinnern sie über die weite Wiese und an das Ufer des bewegten Teichs führt, an dessen Rändern sich das Schilf im Wind wiegt. Zwei Frauen haben sich entschlossen, in Interviewform den Tod der Großmutter zu besprechen. Die Jüngste geht mit dem Fotoapparat durch das Geschehen und dokumentiert alles.

„Meine" Gruppe nähert sich dem Thema schreibend. Unsere selbstgestellte Aufgabe bei dem Workshop, den ich leite, besteht darin, textliche Erinnerungsaufzeichnungen zu produzieren, assoziativ, ohne langes Nachdenken, etwas, das aus der Feder fließt. Wir hatten uns die Doppeldeutigkeit von Wortfindungen vergegenwärtigt. Mein schnell dahin geschriebener Text, den ich sitzend auf dem Stein von Julius vortrage, lautet:

„Das doppelte Leben der Worte"

Die Sprache ist tückisch. In fast jeder Bezeichnung liegt eine Doppelbedeutung. Zum Beispiel birgt das Wort Verlust einen Schmerz, eine Trauer, aber gleichzeitig ist die Lust in dem Wort nicht zu überhören.

„Nachdem du weggegangen bist,
nicht einmal umgedreht hast du dich nach mir
war der Verlust für mich fassungslos.
Ich hatte Lust, mich zu verlieren,
musste Fassung bewahren.

Ich musste spuren, funktionieren, in den Spuren,
die du hinterlassen hast. Spurte neu
durch tiefen Schnee und kalte Nächte
in der Endlichkeit lernte ich Neues:
Verbundenheit mit der Unendlichkeit.

Verbundenheit mit mir, auch mit dir,
aber im Weitergehen der Spur vor allem mit mir.
Wie eine Wunde verbunden, geschützt
Die Erinnerung, deine Hinterlassenschaft:
Das Aufheben – Bewahren im höheren Sinn.

Das Loslassen ist gnädig, ein glückliches Los
Das Lassenkönnen, das Seinlassen,
und Reinlassen der Trauer im Vertrauen,
dass Weggeben auch heißen möge:
Einen Weg gehen, mir einen Weg geben,
den zu suchen ich neu erfinden muss.

Mit mir, mit euch kann ich fortfahren
Mich auf Wanderschaft begeben.
Die Bereitschaft, eine Hinterlassenschaft
Nicht als Verlassenheit zu fühlen
Ist unsere Bereitschaft, eine Verlassenschaft zu hüten."

Haarscharf an Kitsch grenzend, ist dem Tod nichts zu peinlich.

Herbert Link, der Filmemacher, hat all das mit seiner Videokamera aufgezeichnet und zum Abschluss des Workshops präsentiert. Trotz der Zweifel und der Befangenheit, eine Sprache zu finden für das Unsagbare, haben wir gelernt, während des Redens, Schreibens und Darstellens von einer Last befreit zu werden. Das gedankliche Durchleben von Abschied und Trauer ist wie eine Katharsis. Das reflektierte Erinnern ermöglichte einen neuen Blick auf das Geschehene und auf einen selbst.

„Spät in der Nacht saß der Tod immer noch auf seinem Boot und schaukelte auf den Wellen. ‚Warum kann ich nicht immer Urlaub haben'?, dachte er. ‚Das Leben ist ungerecht.'"
(Heinz Janisch, Herwig Zens: Der Tod auf Urlaub,
(Wegen Urlaub geschlossen!) M.E.L. Edition 2006)

Während meines schreibenden Herantastens an Julius' Tod, während des Erinnerns der vergangenen Jahre, hatte ich einen Traum:

Ich muss sterben. Alles ist vorbereitet. Ich sitze auf einem Tisch, dicht hinter mir steht hochkant aufgestellt ein Sarg mit geöffnetem Deckel, ich selbst bin von einem schwarzen Tuch umhüllt, durch dessen Fadenkreuze ich verschwommen meine Umwelt sehe. Ich weiß, dass es um meinen Tod geht. Ich betrachte die zu meiner Feier Gekommenen, nehme einen vergangenen Liebhaber wahr, der auf seiner Gitarre den Kindern Lieder vorspielt. Ich sage: Danke, dass du gekommen bist. Ich sage: Ich habe Angst. Ich sage: Ich bekomme keine Luft. Doch niemand hört mich. Ich möchte die Hand von jemandem ergreifen, doch niemand hat Zeit, niemand beachtet mich. Und plötzlich nimmt doch jemand meine Hand, ich erkenne ihn nicht, er zieht mich fort und ruft eindringlich: lauf, lauf was das Zeug hält! Ich laufe, laufe, ducke mich, verstecke mich, ich darf nicht gesehen, nicht erkannt werden, ich dürfte ja gar nicht mehr unter den Lebenden sein, atemlos laufe ich und denke: War es wirklich so gescheit, davonzulaufen? Hat sich das nun ausgezahlt, ständig auf der Flucht vor dem Tod sein zu müssen?

Ratlos bin ich aufgewacht.

„Es gibt die indische Geschichte von einer Frau, die von Tigern gejagt wird. Sie rennt und rennt, und die Tiger rücken immer näher. Am Rand einer Klippe angekommen, sieht sie ein paar Schlingpflanzen, so klettert sie hinunter und hält sich an den Pflanzen fest. Beim Hinunterschauen sieht sie, dass die Tiger genau unter ihr warten. Dann stellt sie beim Blick nach oben fest, dass ein Nagetier genau an dem Trieb frisst, an dem sie sich hält. Gleichzeitig sieht sie auch eine wunderschöne kleine Erdbeerpflanze, die ganz in ihrer Nähe aus einem Büschel Gras wächst. Sie schaut hinunter, sie schaut hinauf, wieder hinunter; dann langt sie nach der Erdbeere und steckt sie sich in den Mund."

(Monika Müller: Dem Sterben Leben geben. Die Begleitung sterbender und trauernder Menschen als spiritueller Weg, Gütersloher Verlagshaus 2010)

Der Bahnschranken Jagdschloßgasse

Vor ein paar Tagen erreichte mich die Bitte, für eine Podiumsdiskussion zum Thema „Zeit", an der ich teilnehmen soll, ein kurzes Zitat zur Einstimmung meines Beitrags zu schicken. Spontan und ohne genau nachzudenken habe ich geschrieben: Mit dem Längerwerden meines Lebens wird meine Lebenszeit immer kürzer. Ein Widerspruch, den ich mit sinnvoll ausgefüllter Tageszeit zu ignorieren versuche.

Unten an meiner Wohnungstür läutet es. Susi, die Ärztin, holt mich ab. Wir wollen zum Walken in den Botanischen Garten gehen. Ich klappe meinen Laptop zu und schlüpfe in die Laufschuhe. Nach der Eiszeit des Winters wagen sich dort erste Frühlingsboten zaghaft aus den Gräsern.

Ein Alter auf Stöcken gehend

Der Maler Herwig Zens über seine Totentanz-Bilder, über Julius Mende und den Tod.

Die Sache mit den zwei Stöcken, die Julius sich gekauft hat – als ich das in dem Buch hier gelesen habe, hab' ich mir gedacht: Das kommt mir doch irgendwie bekannt vor, das habe ich doch schon mal gehört. Da gibt es von Francisco de Goya eine ganz späte, kleine Zeichnung aus Bordeaux, die hat den seltsam verschlüsselten Titel „Ein Alter auf Stöcken gehend in Bordeaux" –, und dort ist ein alter Mann mit Bart abgebildet, der geht ganz gebückt auf zwei Stöcken, wobei einer der Stöcke eindeutig zu kurz ist, sicher 15 Zentimeter kürzer. Mit dem kann man nicht gehen, ich weiß nicht, was der für eine Funktion hat. Es kann sein, dass, wenn man stürzt, damit Halt gesucht wird. Ich habe, als ich das in dem Manuskript gelesen habe, mir das Bild von Goya rausgesucht. Das hat mich fasziniert und gefällt mir unter Anführungszeichen im Zusammenhang mit der Krückstockpassage von Julius in dem Text, und ich habe mir gedacht: Das würde ich gerne für das Buch zeichnen.

Es gibt auch noch ein zweites Bild, ein Rokoko-Totentanzbild in der Michaela-Kirche von Bamberg, das ich nachmalen könnte: Da sitzt der Maler mit seiner Perücke vor der Staffelei, und der Tod schaut ihm über die Schulter. Das kommt ja auch in dem Buch hier vor: Solange der Maler malt, kann ihn der Tod nicht holen, weil er so fasziniert von dem ist, was der da gerade macht – und dann malt man eben ... Dieses wehrlose in einen Strudel hineingezogen werden – das ist vielleicht der Versuch, die Zeit zum Stehen zu bringen.

Ja, ich weiß, es klingt so geschwollen, aber die Frage ist: Kann man durch Kunst die Zeit aufhalten? Darum hat mich das so fasziniert in Bamberg – in dem Moment, wo ich arbeite und was tu, ganz egal was, ob ich Klavier spiele oder sonst was, erreiche ich im schlimmsten Fall einen Punkt: Ich gehöre nicht mehr zu der Zeit dazu. Also wenn ich mir den zweiten Satz vom Schubert-Quintett anhöre, dann auf die Uhr schaue und sage: Eigentlich müsste ich jetzt zu einem Gespräch, dann habe ich überhaupt nichts verstanden. Damit hört für mich Kunst auf. Das Schubert-Quintett wurde zur gleichen Zeit komponiert wie die Zeichnung mit den zwei Stöcken entstanden ist: 1828.

Anschreiben gegen den Tod? Obwohl man weiß, dass es sinnlos ist? Obwohl man weiß, das geht nicht – du hast keine Chance, aber nütze sie. Das muss ein Motto sein. Es reduziert sich alles immer mehr. Um wieder auf den Schubert zurückzukommen: Wenn ich denke, was ich vor zehn Jahren für Bilder gemalt habe, und wenn ich das anschaue, was da in meinem Atelier herumsteht und was da zu sehen ist auf der Leinwand: Es wird immer weniger und weniger. Es ist das Konzentrieren auf das Wesentliche. Die Kunst des Zeichnens ist ganz einfach, man muss nur wissen, welche Striche man weglässt, steht da draußen auf einem Plakat. Die höchste Abstraktion ist, nur noch wenige Striche oder gar keine zu malen.

Der Gulda hat, als er ein Star geworden war, in Wien ein Konzert gegeben. Ein prominenter Wiener Musikkritiker, mit dem der Gulda in die Schule gegangen ist, hat mir folgende Szene erzählt, und die finde ich genial: Gulda spielt sein Konzert im Musikvereinssaal, Jubel, Trubel, Begeisterung. Der Kritiker rennt wie ein Trottel zur Presse, die gleich daneben ist, und schreibt seine Kritik: Fulminant und Durchbruch zum Weltstar usw. Und dann geht er heim durch den Stadtpark und sieht vor sich eine leicht schwankende Figur, das ist der Gulda gewesen. Und dann sagt er, wie jeder Musikkritiker, etwas ganz Gescheites, so in der Art: Das war heute wirklich genial, aber warum spielst du keinen Schubert? Da ist der Gulda stehengeblieben und hat glasklar gesagt: Da kann ich mich gleich umbringen. Und geht weiter. Drum kleb' ich ja auch so an dem Schubert dran, von dem komme ich nicht mehr weg.

Damit es nicht pathetisch klingt – ich war so um die 30, da war ich relativ erfolgreich mit meinen Bildern. Auch finanziell. Damals habe ich irgendeine Masche entwickelt: alle Gebäude standen schief und das hat sich anscheinend ganz gut verkauft. Das führte so weit, dass wir mal eine Mappe mit 30 Stück an einem Sonntag verkauft hatten. So viel Geld hab ich eigentlich nie wieder in der Hand gehabt. Und am Montag hab ich mir gleich ein nichtübertragenes Auto gekauft, das neueste, was es gab,

Bamberger Totentanz: Der neugierige Tod

und mein Geld war weg. Mit diesem Auto fuhren wir zu Ostern Richtung Griechenland, und im damaligen Jugoslawien ist mir dann an der mazedonisch-griechischen Grenze abends irgendwie schlecht geworden. Ich hab' geglaubt, dass ich zu viel gegessen hatte oder die Hitze nicht vertrage. Nach fast 20 Jahren intensiven Rauchens, 70 bis 80 Zigaretten täglich, hab ich das erste Mal am Abend keine Zigarette geraucht. Das hat meiner Frau zu denken gegeben. Sie hat gesagt: Bist krank, dass du nix rauchst? Na, na, ist eh alles in Ordnung, hab' ich gesagt und wir sind weitergefahren. In der Nacht ist es mir dann schon hundsmiserabel gegangen. Da haben sie eine Krankenschwester aus dem Dorf herbeigeholt, es war eine schauderhafte Nacht. Am nächsten Tag haben sie mich nach Larissa, das St. Pölten von Griechenland, gebracht, und mich wieder nach Hause geschickt. Und dann ist ein genaues EKG gemacht worden, doch sie konnten es nicht glauben wegen des Alters, ich war damals noch ein schlanker Jüngling – aber es war ein Herzinfarkt. Da lag ich mit meinen 33 Jahren danieder und hab mir das Rauchen abgewöhnt.

Ich habe dann alles abgebrochen, was Erfolg bringend war. Ich hab' es mir mit allen Galeristen verscherzt, weil ich gesagt habe, diesen verkäuflichen Schmarren mache ich nicht mehr. Und ich habe mich dann in eine ganz andere künstlerische Welt begeben und begonnen, mich mit diesen Geschichten intensiver auseinanderzusetzen. So habe ich mit meinen „Totentanz"-Bildern angefangen.

Der erste große „Totentanz" war 1989 der Baseler. Der befindet sich heute im Kunsthistorischen Museum in Basel. Da war die Idee, sich mit bestehenden oder mit Resten von vorhandenen Dingen auseinanderzusetzen und sie mit heutiger Sprache wieder zusammenzusetzen. In Lübeck war es genauso. Der dortige „Totentanz" befand sich ja bis 1943 an der Kirchenwand und ist durch einen Fliegerangriff verbrannt. Aber es gibt ihn sehr genau dokumentiert. Da war für mich der Reiz des Wiederherstellens und ihn am Originalstandplatz anzubringen. Später kam einer und hat das Ganze gekauft. Der hatte ein Bestattungsunternehmen mit über 30 Leuten, da kann man sich anmelden und sagen: Ich will meine Asche im Stadtpark von Tallinn bestattet haben, und der ermöglicht das. Dafür musst zahlen, aber schwer. Das ganze Gebäude ist eigentlich ein bisschen totentanzähnlich, als wären die Bilder dafür gemacht. Zwischendurch hab ich zwei kleine „Totentanz"-Bilder gemalt. Der Füssener, das sind zwölf Leinwand-Tafeln, mittelgroß, 100 mal 70 cm, hängt im Museum in Füssen neben dem alten, dem Original.

Dann ist bei mir ein Grazer Professor für Volkskunde aufgetaucht und hat gemeint, er habe bei irgendwelchen Studien aus dem 16. Jahrhundert in einem Buch hinten eingebunden den Text eines Totentanzes gefunden, den er neu vertont hat. Irgendwer hat ihn auf die Idee gebracht, dass es da diesen Verrückten in Wien gibt, der immer Totentänze malt, und er bat mich, während der musikalischen Aufführung einen Totentanz zu entwickeln. Also: Der Tod kommt zur Jungfrau, und das Bild wird aufgehängt. Zum Schluss ist das dann eine Gesamtbilderschau. Zur selben Zeit kam das mit dem Hugo Distler, seinen „Totentanz" hat der Schönberg-Chor erworben und wird bei Aufführungen wieder ausgegraben. Das ist eine ganz streng gegliederte Komposition, dieser Hugo Distler war ja auch in der Marienkirche in Lübeck Organist: Eine Person spricht entweder oder es wird Flöte oder Violine gespielt und ein Bild von mir wird aufgehängt. Und dann gibt es diesen Linzer, der den Totentanz im Stile eines mittelalterlichen Totentanzes geschrieben und den der Komponist Fridolin Dallinger aus Oberösterreich vertont hat – er hat mich gefragt, ob ich Illustrationen davon machen möchte und auch die Partitur-Seiten bearbeite. Daraus ist ein schönes Buch entstanden: „Es tanzt der Tod sein' Reigen", ein Memento mori von Hans-Dieter Mairinger.

Ob ich lustvoll auf den Tod hinarbeite? Ja, aber nicht dagegen. Man wird sich dauernd dieser Tatsache bewusst. Was ja das Leben nicht gerade erleichtert. Das war ja beim Julius auch so. Es ist ja viel schöner, völlig bewusstlos vor sich hinzuleben. Das ist viel angenehmer. Ich möchte keinen Tag jünger sein, aber das ist der einzige Punkt, an dem ich die jungen Leute beneide: dieses einfach Deppertsein. Das ist unbezahlbar. Richtig blöd sein können. Und das geht mit der Zeit verloren, dieses Blöd-Sein. Man verblödet vielleicht – aber das ist wieder etwas anderes.

143

Angst vor dem Tod habe ich nicht. Das ist so wie in dem Buch hier die Treppenhausszene, als Julius sagt: Jetzt muss ich das meiner Frau antun. Da ist eine gewisse Ähnlichkeit der Situationen: Meine Frau hat von Jugend an immer ihre Mutter zu Hause gepflegt. Und jetzt versorgt meine Frau ihre 77-jährige taubstumme Schwester nach einem Autounfall. Und nun kommt der depperte Mann, also ich, dazu, der meint, er muss ins Spital. Ich habe zwei Herzoperationen hinter mir und jetzt kommt noch eine. Ich will keinen Helden aus mir machen, aber das beschäftigt mich eigentlich mehr als meine eigene Befindlichkeit und meine Krankheit, mein Gott, wenn's daneben geht, ist es halt so. Die Troubles hat ja der andere dann. Das ist vergleichbar mit Julius.

Sicher habe ich schon des Öfteren an Suizid gedacht. Ich find aber nix Gescheites. Na ja, da gibt's alle möglichen Geschichteln, man legt sich irgendeine Waffe zu, das ist kein Problem, die krieg ich am Mexikoplatz innerhalb von einer halben Stunde, man frisst Pulver bis nix ist, oder: Die eleganteste Art – das ist ein sehr blöder Ausdruck – wäre ein Autounfall. Man muss sich das sehr genau überlegen, wo, wann, wie.

Das ist aber derselbe Grund, den Julius in der Stiegenhausszene genannt hat, der mich abhält: die Hinterbliebenen. Sonst hätte ich die Tür schon längst zugemacht. Nehmen wir mal was ganz was Blödes. Angenommen meine Frau wäre aus irgendeinem Grund nicht mehr da. Dann sähe ich überhaupt keinen Grund mehr, mich hier aufzuhalten. Aber das klingt dann gar so heroisch: Der Menschheit geht nicht Gott weiß was verloren.

Verdrossen am Leben bin ich nicht. Aber ich könnte jederzeit Abschied nehmen. Vielleicht redet sich das leichter, als es wirklich ist. Ich komme eher aus einem religiösen Haus und hab', so wie der Julius auch, meine Krisen und Glaubenskrisen, aber an das, was nachher ist, glaube ich nicht. Vielleicht nur in der Form, dass man geistig weiterlebt. Man weiß es nicht. Und das bekümmert mich nicht.

Ich hab' ja, außer dass ich nicht Stiegen steigen oder auf die Berge kraxeln kann, sonst fast keine Schmerzen. Da zwickt es hier, da sticht es dort, aber sonst ... Julius hat ja genau gewusst, was er tut, das ist ja mörderisch, was eh schon da war und was ihn dann erwartet hätte: Das dauert jetzt noch zwei Monate, und jeder Tag ist die Hölle ... Daher ist es völlig verständlich, wie Julius entschieden hat. Das mit der Eisenbahn vom Julius, so etwas kann ja nur einem Maler einfallen. So was Verrücktes – seht her, das war ich ...

Der Alte auf zwei Stöcken

Julius war ja ein paarmal hier oben in meinem Atelier, da hat er geschimpft über die Stiegen, so wie auch ich … Ich war damals der Professorenvertreter am Institut für künstlerisches Lehramt, und wir haben uns außerhalb der beruflichen Ebene immer wieder unterhalten und sind auch manchmal was trinken gegangen. Wir haben uns nicht sehr nahe gekannt, aber so zwei-, dreimal im Jahr haben wir uns immer getroffen. Komm zu mir ins Atelier, hab' ich gesagt, dann ist er da heraufgeschnauft und wir haben was getrunken. Da hat er mir erzählt, dass er wieder mit dem Malen anfängt. Das war so vor 25 Jahren. Von seinen gemalten Sachen habe ich eigentlich sehr wenig gekannt. Für mich war er – also, seine politischen Ansichten haben mich am meisten interessiert, zum Beispiel als er KPÖ-Chef war – ich bin ja aus einer ganz anderen Ecke gekommen … Diese Gespräche waren immer spannend. Und teilweise hat er sich einen Spaß daraus gemacht, die Leute vor den Kopf zu stoßen.

Er war ein sehr beliebter, angesehener Lehrer, wahrscheinlich auch – und das fasziniert Studenten – wegen seiner eher unkonventionellen Art, so hat man sich keinen Lehrer vorgestellt, dass der im Leiberl da herumrennt und alle möglichen Geschichten erzählt, auch übers Sexuelle, und er hat sich sehr viel Mühe gemacht, was ich so von den Studenten immer gehört hab, er hat sich gut vorbereitet, den Kopf zerbrochen. Er hat auch immer gesagt: „Das ist man den jungen Leuten schuldig. Dazu bin ich ja da."

Anhang:
Nachrufe statt eines Nachwortes

1) Nachruf der
Akademie der Bildenden Künste Wien

„Julius Mende hat von 1964 bis 1968 Malerei bei Max Weiler an der Akademie studiert, er war durch seine provokanten künstlerischen Aktionen während und nach seiner Studienzeit bekannt geworden. Julius Mendes künstlerische und später auch erzieherische Arbeit war durch mehrere Lebensphasen hindurch praktisch wie theoretisch von Kritik an einer durch die Warenwelt deformierten Sinnlichkeit geprägt. Er thematisierte, seinen konservativen Salzburger Familienhintergrund reflektierend, traditionelle Moral- und Herrschaftsstrukturen. Die studentische Revolution der 68er und die politischen Brüche und Umbrüche dieser Zeit prägten sein politisches Bewusstsein.

Mende sah in der künstlerischen Provokation ein legitimes und politisches Mittel, um gesellschaftliche Zwänge bewusst zu machen. Trotz oder gerade wegen seiner Nähe zum Wiener Aktionismus und aufgrund seiner Erfahrungen mit dem Kommunenleben wurde für Julius Mende immer deutlicher, dass in unseren gesellschaftlichen Verhältnissen – ungeachtet der stattgefundenen ‚sexuellen Revolution' und dem Versuch, ‚Befreiung von allen Zwängen' durch ein zwangloses (Sexual-)leben zu feiern – eine freie selbstbestimmte Sexualität kaum lebbar ist. Die Beschäftigung damit blieb daher für ihn zeitlebens ein Thema.

Heute, in einer scheinbar ideologiefreien Zeit, sind vermehrt Menschen anzutreffen, die sich mit dem Gedankengut der 68er-Revolution interessant machen wollen und es schick finden, diese Ideologie als intellektuelle Attitüde vor sich herzutragen. Julius Mende hingegen war ein sensibler und hochbegabter Mensch, der seine politische Einstellung kritisch lebte. Julius Mende war politisch engagiert und als Kommunist stets Grenzgänger, er war Mitbegründer des ‚Verlags für Gesellschaftskritik‘ und spielte nach dem Zusammenbruch des osteuropäischen Realsozialismus für die KPÖ eine wichtige politische Rolle, indem er versuchte, die Überwindung dogmatischer Haltungen mit den Notwendigkeiten einer geschichtlichen Kontinuität einer österreichischen kommunistischen Bewegung zu vereinbaren. Julius Mende war Bundessprecher der KPÖ und gestaltete die Zeitschrift ‚Weg und Ziel‘ zu einer beachteten und anerkannten Plattform linken Dialogs um.

Julius Mende war Autor, Herausgeber und Mitherausgeber zahlreicher sozialwissenschaftlicher und kunstpädagogischer Publikationen: ‚Schülersexualität‘ (1971), ‚Schmutz und Schund‘ (1974), ‚Der Sexkoffer‘, ‚Wunderwelt Sexshop‘, ‚Verbotene Liebe‘ (1998), ‚Kulturen des Widerstands‘ (1993) und ‚Die 68er-Generation und ihr Erbe‘ (1998) und viele mehr.

Julius Mende sah Lehre und Erziehung als wichtige Arbeit für eine kritikfähige Gesellschaft und lehrte im Rahmen dieses Engagements an verschiedenen pädagogischen und universitären Einrichtungen wie der Akademie der bildenden Künste Wien, an der Universität Wien, der Universität Klagenfurt, an Mittelschulen und an der Pädagogischen Akademie in Wien.

An der Akademie der bildenden Künste Wien wirkte Julius Mende seit der Gründung des Instituts für Werkerziehung. Er war einer der ersten Lehrenden im Team von Institutsgründer Edelbert Köb und ein wesentlicher Impulsgeber für die Weiterentwicklung der Studienpläne und Garant für selbstkritische Auseinandersetzung mit der Institutstätigkeit über beinahe 30 Jahre. Julius Mende lehrte hier ‚Geschichte des Handwerks und der Industrie‘, ‚Fachdidaktik‘, ‚Theoretische Grundlagen der Werkerziehung‘ sowie ‚Kunst und Kulturpädagogik‘.

Julius Mende war ein kompetenter, authentischer und beeindruckender Lehrender mit hoher natürlicher Autorität, der sein politisches Engagement immer kritisch in Auseinandersetzung mit anderen Gesellschaftsentwürfen augenzwinkernd ironisierte. Er wusste immer zwischen parteipolitisch und politisch zu unterscheiden und überzeugte durch seinen Intellekt und seine Lebenserfahrung.

Viele der jetzt am Institut Lehrenden waren Studierende von Julius Mende und später seine Kolleginnen und Kollegen. So auch ich – 1980 ging ich gemeinsam mit einer Studienkollegin zu einer Prüfung bei Julius Mende. Die Beurteilung fiel bei annähernd gleicher Leistung unterschiedlich aus. Seine Erklärung dafür trug er uns mit einem Schmunzeln vor: ‚Zu den Linken bin ich härter, denn die müssen die Revolution vorbereiten'!

Im Namen des Instituts, seiner Lehrenden und Studierenden, M. Herbst."

2) Trauerrede von Franz Ofner

„Wir alle wissen, wie schwer es ist, einen Freund zu finden, einen Menschen, der Anteil nimmt an unseren Interessen und Plänen und mit dem wir offen über Dinge sprechen können, die wir vor anderen eher geheim halten, einen Menschen, mit dem wir sozusagen, aufs Ganze gesehen, an einem gemeinsamen Projekt arbeiten. Umso schwerer ist es für mich, dass ich einen Freund verliere, mit dem mich so vieles verbunden hat.

Wir haben uns Mitte der 70er Jahre im Zusammenhang mit der Bewegung für eine antiautoritäre Erziehung kennen gelernt. Es war dies damals die Zeit der endlosen und intensiven politischen Diskussionen. Und Julius hat mich dazu gebracht, wovor ich so lange zurückgeschreckt hatte: nämlich aus meinen theoretischen Überlegungen die praktischen Konsequenzen zu ziehen und mich politisch zu engagieren. Wir haben dann einige Jahre im Bund demokratischer Lehrer zusammengearbeitet.

Für meine berufliche Entwicklung entscheidend war aber unsere Kooperation in einem Forschungsprojekt an der Österreichischen Akademie der Wissenschaften über die Auswirkungen der Mikroelektronik auf Beschäftigung und Bildung. Das war 1979/80. Es war Julius, der das Projekt requiriert hatte und mich fragte, ob ich mitmachen möchte. Für mich war es der Einstieg in meine wissenschaftliche Tätigkeit, der Zugang zu weiteren Projekten und zur Universität.

Die Zusammenarbeit mit ihm in jenem Projekt ist für mich bis heute der Maßstab für gute Teamarbeit geblieben. Es war kein Arbeiten nebeneinander, sondern wir haben einander unterstützt und jeder hat sich intensiv mit der Arbeit des anderen auseinandergesetzt.

Unsere Interessen gingen dann unterschiedliche Wege. Julius wandte sich verstärkt ästhetischen Fragen zu, die für ihn immer schon eine große Bedeutung gehabt hatten.

Eine ganz wichtige Sache, die ich von ihm gelernt habe, ist der selbstkritische Umgang mit Ästhetik, der kritische Umgang mit dem eigenen Verhalten allen ästhetischen Erscheinungen gegenüber.

In seinen Publikationen und in Projekten mit SchülerInnen und StudentInnen hat er dieses Thema immer wieder bearbeitet. Das war keine Nebensache für ihn, denn in den ästhetischen Praktiken sah er die zentralen Mechanismen, mit denen konsumistische Haltungen in uns erzeugt werden. Er verabscheute jeden Schnick-Schnack und alles Schicki-Micki-Tum, wie er das nannte, alle Stile und Moden, ganz gleich, ob es sich um Wohnungseinrichtung, Kleidung, Urlaubsverhalten, Kunstwerke oder Gourmetkulte handelt. ‚Worauf werden deine Sinne gelenkt und damit deine Gedanken? Und wovon abgelenkt?', war seine Frage. In solchen Dingen war er radikal – denn für ihn ging es dabei um eine politische Frage. Immer wieder zeigte er auf, wie die kommerzielle Welt es versteht, auch linke Moden aufzugreifen und zu verwerten und damit kritisches Gedankengut zu entwerten. Es war ihm ein Anliegen zu zeigen, wie Moden und Kulte, seien sie rechts oder links oder kommerziell, reflexives Denken ausschalten, uns vereinnahmen und uns verfügbar machen.

Wer Julius in der Wohnung in Wien oder am Bauernhof besucht hat und von ihm bekocht wurde, der konnte sehen und schmecken, wie er sich um eine alternative, eine persönliche Lebensform bemühte. Worauf es ihm ankam, war, gegenüber unserer vorgefertigten Welt ein Stück Eigenheit und Eigenwillen zu entwickeln und in die Funktionalität unseres Alltags zu bringen.

Das galt auch für das, was er unter Freundschaft verstand: das gegenseitige Erkunden von Eigenheiten, sowohl von positiven als auch von negativen. In diesem Zusammenhang ist auch, glaube ich, seine Leidenschaft zu sehen, die Schwachstellen und Inkonsequenzen seiner Freunde bloßzustellen. Auch ich war da ein paar Mal ordentlich an der Reihe. Dieses Bloßgestelltwerden war natürlich nicht angenehm, aber er meinte, das müsse eine Freundschaft aushalten und sei wichtig für die persönliche Weiterentwicklung – obwohl es ihm selber meist gar nicht gefiel, wenn er einmal an der Reihe war. Doch solche Widersprüche mussten Freundschaften mit ihm eben aushalten.

Meine Freundschaft mit ihm wird in mir präsent sein, solange ich lebe, zusammen mit den vielen Begegnungen, Anregungen, Aktivitäten und Diskussionen, die mich mit Julius verbunden haben."

3) *Trauerrede von Elisabeth Holzinger*

„Lieber Julius!

Fast 40 Jahre hast du mein Leben begleitet. Hör mal, wie wichtig du für mich warst: Ich habe mich so gefreut, wie du 1971 in unsere Wohngemeinschaft eingezogen bist. Du warst für mich eine Verstärkung gegen den bestehenden Freundesklüngel. Wir zwei haben was gemeinsam gehabt. Deine Themen waren auch meine Themen, wir haben uns ja schon gekannt vom Kinderkollektiv ...

Mit dir hab ich am besten reden können. Über Kindererziehung, die Kleinfamilie, über Sexualität, über Psychoanalyse. Mit dir übersiedelt ist eines deiner Kunstwerke. Im großen Wohnraum bei uns, wo jetzt zwei Bilder aus deiner neuen Schaffensperiode hängen, hast du deine Riesen-Plastik aufgehängt. Sie ist noch lange bei uns geblieben, auch als du schon ausgezogen warst. Immer hast du versucht, unser Wohngemeinschaftsleben zu gestalten – du hast unsere abgewetzten Möbel mit Liegestuhlstoff bezogen und aus der Halle ein feines Zimmer gemacht. Du hast versucht, was G'scheites zu kochen.

Bei deinem Buchprojekt über Sexualität und Herrschaft haben wir alle mitgemacht. Die gemeinsame Arbeit hat uns zusammengebracht. Wenn das Werk auch nicht als Buch erschienen ist – mich hast du zum Schreiben ermutigt.

Julius, du warst es doch, der mir gesagt hat, dass Lehrer für Berufsschulen gesucht werden und dass die Voraussetzungen für die Aufnahme gar nicht schwierig sind. Ich habe mich beworben und war dann im Schuldienst wie du. Und damit hat ein weiterer Abschnitt in unserem gemeinsamen Leben begonnen: Das Politik-Machen, eine Phase, die uns bis heute beschäftigt hat, auch wenn sich die Bedingungen geändert haben und wir andere Formen gefunden haben.

Findest du nicht, dass die Sommerseminare des Bundes demokratischer Lehrer großartig waren? Zehn Jahre, Jahr für Jahr, waren wir bei dir im Bauernhaus. Die eine Woche vor Schulbeginn im Waldviertel werde ich nie vergessen. Unsere Diskussionen über den Schulkrampf und was wir dagegen unternehmen können, unsere gemeinsamen Essen, das Singen am Lagerfeuer. Beim Singen haben wir ein ganz schönes Repertoire zusammengekriegt, das wir in Moskau auf der Vier-Wochen-Schulung zum Besten geben konnten. Wobei wir den meisten Erfolg nicht mit den Arbeiterliedern, sondern mit Holarediria-holare-gu-gu gehabt haben. Die meisten Strophen sind dir eingefallen.

Dein Waldviertel ist in den Jahren auch zu meinem geworden. Unter deiner Anleitung bin ich zu einer einigermaßen passablen Schwammerlkennerin geworden.

Unsere Streitgespräche haben mich herausgefordert.

Und so hab ich mir unsere Zukunft vorgestellt: Jedes Jahr Ostern in Krug zu verbringen und oft auch dazwischen, Essen bei euch, deine Bücher lesen, deine Ausstellungen besuchen, die Lage der Partei erörtern, Diskussionen über die Zukunft der Linken, Treffen am ‚Volksstimme-Fest', hin und wieder Kino am Mittwoch.

Lieber Julius, mein alter Freund, mein Streitpartner, mein Genosse, mein Gastgeber, mein Lebensbegleiter: So sehr habe ich dein Engagement bei allen deinen Unternehmungen geschätzt. So sehr hab ich deine Energie bewundert, immer wieder neue Projekte auszuhecken. So gern habe ich dich auf deine weichen Wangen geküsst. So gern hab ich mit dir gestritten. So ungern habe ich dir oft zugehört. So gern habe ich deine Meinung gehört. So schön find ich deine Bilder!

Ich danke dir."

4) *Trauerrede von Walter Baier*

„Liebe Alle!

Julius Mende wurde 1984 ins Zentralkomitee der KPÖ gewählt, und 1990, als der Kommunismus durch den Zusammenbruch des osteuropäischen Realsozialismus in eine tiefe moralische und politische Krise stürzte, wurde er in dessen Arbeitsausschuss gewählt, also in – nach alter Sprache – das Politische Büro. Nach einer schmerzhaften Parteispaltung wählte ihn der 28. Parteitag zu einem Bundessprecher mit der Kompetenz des Parteivorsitzenden. Von 1991 bis zu ihrer Einstellung im Jahr 2002 leitete Julius Mende die traditionsreiche theoretische Zeitschrift der KPÖ ‚Weg und Ziel', die er zu einer beachteten und anerkannten Plattform linken Dialogs umgestaltete.

Mit welchen Worten und Sätzen eine so vielfältige, unkonventionelle und sensible politische Persönlichkeit wie Julius Mende würdigen? Ich habe mich entschlossen, es mit seinen eigenen Worten zu tun, indem ich die Rede verlese, mit der Julius Mende sich 1994 zur Wahl des Parteivorsitzenden stellte. Ich habe den Text unwesentlich gekürzt und eigentlich nur jene Stellen weggelassen, die sich auf andere Personen beziehen:

‚So, Genossinnen und Genossen, da ich da über Nacht so berühmt geworden bin, möchte ich auch zu diesem traurigen Ruhm Stellung nehmen. Ich habe einen ganz attraktiven Beruf in der Schule, an der Hochschule, bin relativ gut bezahlt, habe viel Freizeit, komme viel in verschiedenen linken Projekten herum. Ich bin Mitbegründer des Werkstätten- und Kulturhauses WUK. Seit zehn Jahren Mitbegründer und praktisch Geschäftsführer im Verlag für Gesellschaftskritik – ich glaube ein relevantes linkes Projekt. Und wenn dann wer hergeht und rechten und richten will, was da rechts und links ist, dann würde ich gerne einmal das genauer untersuchen, wo da die Rechte und die Linke ist.

Es ist natürlich ganz witzig. Man weiß, die Partei ist in der Isolation wie noch nie in der Geschichte … Wer lesen kann, kann auch lesen, was ich in diversen ZK-Sitzungen über die Sowjetunion, über die Bürokratie in der Partei usw. immer offen gesagt habe. Jahrelang war ich dort der Pausendodel. Man hat mir irgendwie recht gegeben, auf die Schulter geklopft, passiert ist nichts. Jetzt, wo das ganze Werkel am Zusammenkrachen ist, beginnen die einen zu sichern, was noch zu sichern ist, und die anderen versuchen – und das ist, glaube ich, noch das bessere Überlebenskonzept – zu schauen, dass Isolation abgebaut wird. Indem man z. B. Personen vorschlägt, die widersprüchlich agieren, wo nicht die Zuverlässigkeit an der Krawatte oder am Hammer- und Sichelabzeichen abzulesen ist, sondern die einfach sagen, was sie sich denken und was sie wollen.

Und jetzt sage ich noch etwas, was meiner Wahl schädlich ist. Und ich kann euch sagen, gefühlsmäßig weiß ich selber überhaupt nicht, was mir lieber ist: Das Gemütlichste wäre, wenn ihr mich nicht wählt, dann gehe ich ganz normal morgen wieder in die Schule. Sonst muss ich meiner Chefin sagen, dass ich im Herbst nicht mehr da bin. Ich bin kein pragmatisierter Lehrer, ich habe auch an der Akademie nur Jahresverträge, ich bin als Kommunist gewerkschaftlicher Obmann des Betriebsausschusses an der Schule, und ich habe seit fünf Jahren für den Bund demokratischer Lehrer kandidiert. Und ich lasse mir nicht sagen, dass ich ein Rechter bin. Ein bunter Hund will ich bleiben bis über die Pension hinaus, und meine größte Sorge ist, wenn bestimmte Trends in der Partei nicht überwunden werden, dass mir innerhalb kürzester Zeit die Flügel gestutzt werden. (...)

Ein Problem ist, und das sehe ich so: Links sein heißt, die politische Anschauung auch auf den eigenen Lebenszusammenhang zu beziehen. Auf die eigene Frau, auf die eigenen Kinder, darauf, dass man selbst kein Politroboter wird, sondern dass man mit normalen Leuten, die draußen leben, saufen gehen kann, irgend etwas anderes, einmal tanzen gehen kann und nicht dauernd mit Marx und Engels durch die Gegend läuft. (...)

Ich denke mir halt, es ist kurz vor der Pension, ich bin inzwischen Großvater geworden, also an der Jugend kann es nicht liegen, dass ich bunt sein soll. Also ist das für mich ein relevanter Einschnitt in meinem Leben, und da will ich auch einen entsprechenden Vertrauensvorschuss, und zwar nicht hundert Prozent der Stimmen, aber mit 52 oder 53 Prozent bin ich vollauf zufrieden. (...)

Ich habe immer gesagt, ich war schon einmal in der Katholischen Kirche, da haben sie auch so schön dahergeredet und immer, wenn sie schön daherreden, bin ich misstrauisch.'

Julius Mende war aufgrund dieser Rede mit 65 Prozent zum Parteivorsitzenden gewählt worden, was seiner Partei zur Ehre gereicht. Gegenüber den Schönrednern blieb er dennoch misstrauisch. Und so werden wir ihn in Erinnerung behalten: Als einen von uns, der doch zu jedem Zeitpunkt er selbst blieb, der als überzeugter Antiautoritärer Parteivorsitzender wurde, der, wo immer Identität und Konformität abgefragt wurden, auf der Differenz bestand, und der, wo immer sich Mehrheiten zusammenrotteten, die Seite der Minderheit wählte. Als einen, der von der Möglichkeit eines anderen, menschenwürdigen Lebens überzeugt war und es nicht für die Zukunft aufsparen wollte, sondern in der Gegenwart mit den vielen Seinen leben wollte.

Die KPÖ verdankt Julius Mende viel: Vielleicht besteht die allgemeinste Wahrheit in Julius Mendes Kommunist-Sein darin, dass einer, der sich stets als kritischer Geist und misstrauisch Fragender verstand, in einer besonders schwierigen Situation der Partei eine ihrer tragenden Stützen wurde.

Julius, du wirst uns fehlen! Wir werden deiner stets mit großer Achtung und Liebe gedenken.

Ich danke dir."

5) Trauerrede von Christine Hahn

„Ich stehe hier stellvertretend für Studierende und Lehrende der Pädak, mit einem großen schwarzen Skizzenbuch in der Hand, wie du es gerne verwendet hast. Sehr viele haben in diesem Buch ihre Betroffenheit über deinen Tod durch Schreiben oder mit Zeichnungen ausgedrückt. In den Beiträgen wird spürbar, wie wichtig du für die Studierenden warst.

Durch deine Ehrlichkeit und Offenheit warst du für viele ein Mensch, an dem sie sich orientieren konnten und auch wollten. Die Klarheit und Konsequenz in deinem Handeln, auch wenn sie für dich nicht immer zum persönlichen Vorteil war, zeichneten dich aus. Deinen bedingungslosen Einsatz für die Schwächeren haben alle gespürt und erlebt.

Für viele Kolleginnen und Kollegen warst du jahrelang geschätzter Diskussions- und manchmal auch Streitpartner, der nie seine Grundsätze vergessen hat. Gegensätze waren für dich nie trennend. Du wirst uns fehlen, denn auch wenn du schon in Pension warst, hast du den Kontakt zu deinen Freunden nie abreißen lassen.

Bei unserer gemeinsamen Tätigkeit als Genderbeauftragte habe ich deinen Willen zur Konfrontation oftmals gespürt, stets von dem Wollen begleitet, sich nicht zu verkriechen und heuchlerisch zu sein und andere zum Nachdenken zu bringen. Dass wir dabei Menschen auch provoziert haben, war schon einkalkuliert! Du hast mir und uns allen viel mitgegeben, wir werden in deinem Sinne weitermachen!

Ich persönlich verliere einen guten Freund, mit dem sich im Laufe der Jahre eine ehrliche und vertraute Beziehung aufgebaut hat. Gute und lange Gespräche bei Autofahrten zu Seminaren und Tagungen und in deinem Haus im Waldviertel bleiben unvergesslich! Ich kann es noch nicht glauben, dass ich nie wieder mit dir lachen, streiten und an einer langen Tafel, gemeinsam mit dir und Bärbel und Freunden sitzend, essen und trinken werde, einfach das Leben genießend!

Julius, ich danke dir für diese gemeinsame Zeit!"

6) *Trauerrede von Hannes Hofbauer*

„Liebe Trauernde, liebe Angehörige, liebe Freundinnen und Freunde, liebe Bärbel,

es ist gut, dass wir hier zusammen sind, um von Julius Abschied zu nehmen. Er ist Teil unser aller Geschichte. Das spürt man in diesem Moment. Und weil die Zukunft nicht ohne Vergangenheit bestehen kann, hat er sich auf diesem Weg in unser weiteres Leben und Arbeiten eingeschlichen. Ob er das wollte oder nicht.

So konsequent sein Freitod angesichts seiner schwer, ja tödlich angeschlagenen Gesundheit war, so konsequent habe ich ihn im Leben gekannt: als Antipode *und* als Freund, besser: als politischen Reibebaum *und* als persönlichen Vertrauten. Beides ist er mir in den vergangenen fünfzehn Jahren gewesen.

Erstmals begegnet sind wir uns bei zaghaften Wiener Kulturinitiativen Anfang der 1980er Jahre. Er im Werkstätten- und Kulturhaus WUK, ich im autonomen Rotstilzchen. Das waren zwei völlig unterschiedliche Projekte in puncto Kulturarbeit. Julius hatte damals seine vom Lebenszyklus bestimmte jugendliche Kompromisslosigkeit schon hinter sich. Das habe ich erst später begriffen. Wirklich verstanden habe ich seinen Lebensentwurf erst bei der Lektüre seines Manuskripts „Die sexuelle Welle. Zwischen Sinnlichkeit und Vermarktung." Als so nicht geplantes Vermächtnis ist dieses Manuskript mit vielen seiner Bilder, die er zwischen Ende der 1960er und vorvorgestern gemalt hat (zuletzt verstärkt gemalt hat) im Promedia Verlag erschienen. Dieses Buch bleibt, so wie seine Bilder bleiben, wie er gewesen ist:

konfrontativ
üppig und geil
provokant

... genau so, wie man sich das Leben eines künstlerisch tätigen Linken, eines linken Künstlers vorstellt: bewusst radikal. Diesen radikalen Julius wollen wir im Gedächtnis behalten."

7) *Trauerrede von Katja Razumovsky*

„Liebe Bärbel, liebe Trauernde,

meine Freundschaft mit Julius dauerte insgesamt leider nur wenige Jahre, aber sie bedeutete sehr viel für mich. Sie fing an mit dem Gefühl des Erstaunens – sein Erstaunen darüber, dass ich keine nur öde vor sich hin malende Adelige war, wie er sich insgeheim erwartet hatte; und mein Erstaunen einfach über ihn – so ein starker, ungezwungener, herzlicher, gradliniger und kreativer Mann. Ganz schnell, eigentlich von dem Moment an, wo Anja ihn zu mir nach Hause brachte, entwickelte sich zwischen uns ein ganz intuitives Vertrauen: Vertrauen im Sinne von Herzens-Vertrautheit und Verständnis, aber auch mein Vertrauen in seine Kompetenz. Auch imponierten mir seine frühen Arbeiten, die er mir damals zeigte.

Immer wieder sprach er mir Mut in meiner Arbeit zu und stärkte mir den Rücken. Und er half mir ganz konkret – so war er zum Beispiel mein Modell bei einem Kunstprojekt und überredete auch Bärbel, mitzumachen, und schließlich kam sogar die Uromi, seine Schwiegermutter, dazu.

Er erinnerte mich in vielerlei Hinsicht stark an meinen Vater, und auch das mag das Gefühl der Nähe verstärkt haben. Julius lebte, wie mein Vater, die Gegensätze aus, die das Leben eben ausmachen, ohne zu versuchen, vor ihnen zu fliehen oder sie zu übertünchen.

Er war intellektuell, obwohl er intellektuelles Dozieren nicht mochte, er konnte zuweilen zornig und streng sein, aber mit einem weichen, mitfühlenden Herzen, das niemandem lange böse war, er konnte mit Ironie sich selbst und andere entlarven und war doch selber leicht gekränkt, wenn man ihn kritisierte. Er war kreativ und energisch und doch auch völlig unsportlich. Und er lebte nach großen moralischen Prinzipien, fast übermenschlichen, so schien es mir manchmal, obwohl er bigottes Moralisieren sicher nicht mochte ...

Für Julius war, glaube ich, das Zusammenspiel von Gegensätzlichem zu einem oft absurden Ganzen der Inbegriff für die Fülle des Lebens. Zweimal haben wir, ein bunter Haufen von Agnostikern, russisch Orthodoxen, Buddhisten und auch Atheisten, ganz herrlich am Land bei Bärbel und ihm Weihnachten gefeiert, richtig brav nach katholischer Familientradition. Die Fülle des Lebens, das waren eben auch Großherzigkeit, Großzügigkeit, köstliches Essen und eine riesige Gastfreundschaft. Und das Thema Sex, das sich in seiner Kunst trotzig im Vordergrund hielt.

Ein jeder, der stirbt, bringt denen, die er hinterlässt, etwas bei, mehr als die, die noch am Leben sind. Julius hat mir hauptsächlich beigebracht, wie unerlässlich es ist, sich selbst treu zu sein. Das Ziel ist die Wahrhaftigkeit, nicht nur, aber auch in der Kunst, selbst wenn es manchmal Mut erfordert, ihr zu folgen – und wenn die Wahrheit manchmal bitter schmeckt. Und Julius war konsequent.

Nach seinem Tod wollte ich die von uns beiden mit großer Freude geplante baldige Ausstellung absagen (sie war sein letzter Eintrag in seinem Kalender) und für Julius eine Gedenkausstellung organisieren. Aber am selben Abend hatte ich ganz stark das Gefühl seiner unmittelbaren Präsenz, so als würde er neben mir stehen, etwas von mir wollen, mich richtig bedrängen. Was willst du, habe ich ihn gefragt, hat es mit der Ausstellung zu tun? Ich habe mit ihm geschimpft, dann hättest du doch noch warten können, du Kerl, wie soll ich das denn machen, allein und unter diesen Umständen! Aber irgendwie hat er mich ganz sanft überzeugt: Er musste so handeln und wir würden schon damit zurechtkommen. Nun, ich freue mich jetzt, dass er bei diesem Streit gewonnen hat.

‚Wer im Gedächtnis seiner Lieben lebt, der ist nicht tot, der ist nur fern. Tot ist nur, wer vergessen wird.' Das hat Kant gesagt. Julius bleibt für mich und für uns alle lebendig mit genau dieser Energie und Kraft, die auch noch seine letzten Bilder ausmachen. Sie sind bunt, vital, ironisch, widerspenstig gegen den Mainstream gerichtet und oft schön. Aufrichtig, wahrhaftig und lebensbejahend – bis in den Tod."

8) *Rede von Franz Ofner zur Ausstellung „Sex und Kitsch" in der MEL-Factory am 15. Mai 2007*

„In seinem Buch ‚Die Sexuelle Welle – Zwischen Sinnlichkeit und Vermarktung', das vor Kurzem im Promedia-Verlag erschienen ist und in dem er die verschiedenen Phasen seines künstlerischen Schaffens kommentiert, schreibt Julius Mende: ‚Vor der extremen Intellektualisierung war es im Kunstmilieu tabuisiert, über eigene Bilder oder Bilder überhaupt zu sprechen. Deshalb werden die Reden auf Ausstellungseröffnungen immer von irgendwelchen Schlaumeiern gehalten.' – Es freut mich und ist mir eine Ehre, dass ich als so ein Schlaumeier heute auftreten darf und ein paar Worte zu den künstlerischen Arbeiten meines Freundes Julius sagen kann.

Als *Freund* liegt es mir natürlich fern, als ein Konkurrent seiner eigenen Interpretation aufzutreten. Als *Schlaumeier* muss ich aber etwas Tiefgründiges von mir geben. Es bleibt mir daher kein anderer Ausweg aus dieser Zwickmühle, als mich auf meine Profession zurückzuziehen und etwas aus der Perspektive eines Soziologen zu sagen. Einem Soziologen geht es v. a. um die Einbettung eines Werkes in die gesellschaftlichen Zusammenhänge. Als Unterstützung für dieses Unternehmen habe ich mir den französischen Philosophen Michel Foucault geholt; außerdem werden mir die Gespräche helfen, die ich in meiner 35-jährigen Freundschaft mit Julius gehabt habe.

Es ist ja nicht zu übersehen, dass die Sexualität das dominierende Thema in den Bildern von Julius ist. Wie aber ist diese Dominanz zu verstehen? Woher kommt sie? – Wenn wir seiner intensiven Beschäftigung mit dem Thema ‚Sexualität' näherkommen wollen, dann müssen wir uns auf die Frage einlassen, welche Art von Sexualität unsere Gesellschaft hervorbringt – bzw. genauer gesagt: welche Art von Sexualität sie damals hervorgebracht hat, als Julius aufgewachsen ist.

Ich möchte die Generation, in der Julius aufgewachsen ist und der ja auch ich angehöre, als ‚sexversessen' bezeichnen. Ich meine damit, dass ein Großteil unseres Denkens und unserer Phantasien sich um den Sex dreht. Mir ist erst im Zuge der Vorbereitung dieses Textes bewusst geworden, dass ich nicht weiß, wie das bei den Frauen meiner Generation ist; und ich weiß auch nicht, wie das bei der jüngeren Generation heute ist, ob für sie Sex immer noch so zentral ist oder ob diese Fixierung schon nachgelassen hat.

Dass für Julius Sex zentral war, zeigt sich nicht nur in seinen Bildern, sondern auch in Erzählungen seiner SchülerInnen und StudentInnen: Sex war ein Dauerthema für ihn in jeder Unterrichtsstunde, auf das er immer wieder zurückgekommen ist. Ich habe mit Julius einige Male über den Zwang des heimlichen, sexuell motivierten Blicks in total unpassenden Situationen gesprochen. Und es gibt ja auch jede Menge literarischer Zeugnisse für die Wichtigkeit des Sexthemas in meiner Generation; ich möchte nur zwei markante Beispiele nennen: John Updike mit seinen Rabbit-Romanen und Henry Miller mit den Wendekreis-Romanen und der Romantrilogie ‚Sexus, Nexus, Plexus'.

Zur Erklärung dieser Sexversessenheit bringe ich nun Foucault ins Spiel. Er meint, dass sie sich im 19. Jahrhundert mit dem Aufstieg des Bürgertums auszubreiten begann und nach dem 1. Weltkrieg auch die Arbeiterschaft erfasst hat. Foucault betrachtet sie als das Pendant zur Leistungsorientierung und Disziplinierung des Bürgertums, zu der ja auch ganz wesentlich die Kontrolle der Lust gehört. Er ist aber der Auffassung, dass das psychoanalytische Konzept der Verdrängung zu kurz greift, wenn wir sie bloß als Verbot und Repression verstehen: Es handelt sich nämlich gleichzeitig auch um eine Stimulierung der Sexualität. Mit ihrer Verdrängung hat sich auch ein breiter und intensiver Diskurs über Sexualität entfaltet: in der Erziehung, der Medizin, der Psychiatrie, der Kirche – die Psychoanalyse ist ja geradezu ein Produkt dieses Diskurses. Moralische Verbote, die Trennung der Geschlechter in Schulen und Internaten, die Einführung des elterlichen Schlafzimmers und seine Tabuisierung für die Kinder, die Biologisierung des Aufklärungsunterrichts, die Beichte und vieles andere mehr wecken die Neugier, regen unser Verlangen an und fixieren unser Denken und unsere Phantasie auf den Sex: Dieser ist in unserem Hinterkopf ständig präsent im sozialen Verkehr – es wird eine Art Besessenheit erzeugt. Und die Sexualität wird auf diese Weise zum eigentlichen Wesen des Menschen stilisiert, das es zu suchen und zu verwirklichen gilt und das das Zentrum allen Glücks ausmacht. – Soweit Foucault.

Die Widersprüchlichkeit zwischen Verdrängung und Stimulierung führt zur Etablierung dieser eigenartigen Beziehung zwischen den Geschlechtern, die wir alle kennen: zu der mehr oder weniger gewaltsamen Durchbrechung der Disziplinierheit mit der Tendenz zur Schadenszufügung, der Selbstschädigung oder der Schädigung anderer, wobei diese beiden Arten der Schadenszufügung typischerweise geschlechtsspezifisch verteilt sind: Selbstschädigung = weiblich, Schädigung anderer = männlich. Die Schadenszufügung entfaltet einen großen Formenreichtum: Sadismus und Masochismus, Hysterien und Zwänge, Vergewaltigung, Kindesmissbrauch, Prostitution und Pornographie – das Glück und die Erfüllung bleiben allerdings im Jenseits, und das stachelt uns zu weiteren Aktivitäten an. Statt Glück und Erfüllung handeln wir uns Psychiatrie, Justiz und die Kommerzialisierung sexueller Beziehungen ein.

Genau diese Verhältnisse werden nun in den 1960er Jahren von der antiautoritären Bewegung auf- und angegriffen. Es wird der Kampf gegen jegliche Unterdrückung, auch die sexuelle, ausgerufen.

Und Julius ist in der vorderster Reihe dieser Bewegung gestanden: mit seinen Bildern, aber nicht nur, sondern auch mit seinen erzieherischen Ambitionen und seinen Publikationen. Diese frühe Phase ist in dieser Ausstellung nur schwach vertreten, sie ist aber in seinem letzten Buch sehr gut dokumentiert. Die Figur, die für ihn damals das Aufbegehren symbolisierte, ist Oskar aus der ‚Blechtrommel' von Günter Grass. Eine Reihe von Oskar-Bildern entsteht am Beginn seines künstlerischen Arbeitens. In dieser Ausstellung sind vier dieser Bilder aus dem Jahr 1967 zu sehen.

Sein Frühwerk hat drei Stoßrichtungen:

Die *Anklage* der herrschenden Verhältnisse als Unterdrückung und Deformierung. Sie ist nicht beschränkt auf die Sexualität, sondern ist als Unterdrückung allgemein formuliert und zeigt sich in den manipulierten und zerfleischten Körpern.

Die zweite Stoßrichtung ist die *Kritik der Technisierung und Kommerzialisierung* der Sexualität. Technisierung und Kommerzialisierung setzen nämlich interessanterweise gleichzeitig mit dem Aufbegehren gegen die Unterdrückung ein, und Julius hat erkannt, dass es sich hier um eine neue Form der Deformierung handelt. Ein weiterer interessanter Punkt in diesem Zusammenhang ist: seine Objekte, die die Technisierung und Kommerzialisierung aufzeigen, werden vom Staatsapparat nicht als Kritik verstanden, sondern von der Polizei beschlagnahmt und von Konservativen vernichtet, in Brand gesteckt.

Eine dritte Stoßrichtung der *Befreiung* zeigt sich damals, Ende der 1960er und zu Beginn der 1970er Jahre, in Körperbemalungen und Analmalaktionen. Sie sind als Aktivitäten der Befreiung von Zwang und Disziplinierung konzipiert.

Julius ist dann zu Beginn der 1970er Jahre zur Überzeugung gekommen, dass die Kunst nicht das geeignete Mittel ist, um die Gesellschaft zu verändern. Er engagiert sich einerseits als Kunsterzieher in Schulen und Akademien und andererseits in der KPÖ, von der er sich eine gesellschaftstransformierende Politik erhofft.

Eine Art positiver Sinnlichkeit zeigt sich dann 15 Jahre später in seinem künstlerischen Schaffen, Mitte der 1980er Jahre. Er schreibt dazu: ‚Anlässlich einer neuen Liebe entstehen Hunderte erotische Zeichnungen'. Und in diesen Zeichnungen erscheinen jetzt die Frauen und Männer nicht wie in seinen frühen Bildern als zerfleischte und zerschnitte Körper, sondern sie strahlen voll Lust, Kraft und Selbstbewusstsein und erheben sich in die Lüfte als fliegende Hexen und Hexeriche.

Was wir hier in der Ausstellung sehen, ist ein kleiner Ausschnitt aus seinem Spätwerk. Ich werde der Versuchung der Schlaumeierei widerstehen und keine eigene Interpretation versuchen, sondern ich möchte mich der Interpretation bedienen, die Julius selbst in seinem letzten Buch vorlegt, und auf einen Punkt hinweisen, der uns die ganze Vertracktheit zeigt, in der die Sexualität in unserer Gesellschaft gefangen ist und die Julius in seinen Bildern zu erfassen versucht.

In der Einleitung zu seinem Buch ‚Die sexuelle Welle' schreibt er, dass ‚die Bilder auf eine ersehnte Gesellschaft der Leichtigkeit des Seins verweisen (sollen), die ich alter Mann vorläufig einmal aus- und aufmale', und dass es ihm darum gehe, das Erotische und das Sexuelle, die in unserer Gesellschaft auseinandergerissen sind und auf die ‚Verstümmelung und Verdinglichung des Begehrens und der Leiber' hinweisen, miteinander zu verbinden.

Und am Ende des Buches erfahren wir von ihm, dass er genau in diesen seinen letzten Bildern auf das Motiv der frühen Bilder zurückgreift: ‚die zerschnittenen Menschen'. Er schreibt: ‚Symbolhaft für die Eingeschnürtheit in moralischen Systemen und damit Herrschaftssystemen ziehen sich Flächen durch die Figuren (...) Dieser Eingriff nimmt den Figuren die Dynamik und lässt sie zu Puppen erstarren.'

Es stellt sich also die Frage:

Was sehen wir in den Bildern der letzten Phase? Versöhnung und Vorwegnahme einer glücklichen Sexualität in einer zukünftigen Gesellschaft? Oder Melancholie über die weiterhin deformierten sexuellen Beziehungen?

Ich habe den Eindruck, in vielen seiner Bilder der letzten Phase schauen uns die Figuren mit einem fragenden Blick an."

9) Rede von Oswald Eschelmüller bei der Urnenbeisetzung

„Im Herbst 1979 lernte ich Julius an der Akademie der Bildenden Künste in Wien kennen. Zuerst wollte ich, um es mir leichter zu machen, dem Mende ausweichen und seine Vorlesung ‚Geschichte des Handwerks' aufgrund meiner HTL-Ausbildung umgehen. Bei einem Gespräch mit ihm ließ er mich aber nicht mehr los, und meinem Ausweichversuch folgten dann noch die Veranstaltungen ‚Theoretische Grundlagen Fachdidaktik 1 und 2' und das ‚Unterrichtspraktikum in Werk- und Bildnerischer Erziehung'.

Professor Mende hat es seinen Studenten leicht gemacht. Wenn man sich in den vielen Diskussionen engagierte, seine oft provokanten Thesen hinterfragte, exakt formulierte und zumindest versuchte, eigenständig zu denken, hatte man schon den Großteil bestanden. Um das zu erreichen, wurden die Studenten oft von ihm provoziert und gereizt. Heute, nach 30 Jahren, weiß ich, dass das eine wichtige Vorbereitung auf den Lehrberuf war.

Noch vor Ende meiner Ausbildungszeit 1980 kamen meine Frau Brigitte und ich ins Waldviertel, nach Wegscheid, ganz in die Nähe des damaligen Hofes von Julius in Röhrenbach. Unsere Beziehung bekam dadurch einen privaten Charakter, und aus dem Lehrer-Schüler-Verhältnis wurde dann langsam, auch durch die Freundschaft unserer Frauen, eine beständige, wertschätzende, lebendige, keinen Konflikt scheuende Freundschaft. Wir haben viele große und kleine Feste gemeinsam gefeiert – Geburtstage, Silvester und die Hochzeit von Julius und Bärbel – und sind auch oftmals ohne besonderen Anlass beisammen gewesen. Immer wurde gut gekocht, gut gegessen und getrunken und viel geredet, diskutiert, aber auch gestritten. Die Sprache und das Denken waren sein Metier, und nach einer Diskussion ging Julius fast immer als Überlegener heraus. Es waren aber die Wertschätzung und der Respekt vor dem Anderen immer dabei. So blieb Julius bis zum Schluss – wir waren noch zwei Tage vor seinem Tod bei einem Sonntagsessen hier zusammen.

Mein Lehrer, von dem ich viel über das Leben gelernt habe und noch immer lernen kann – allem voran die Menschenliebe, von der Julius im Übermaß gegeben hat ...

Ich habe versucht, bei der Gestaltung der letzten Ruhestätte von Julius hier an seinem Lieblingsplatz in dieser wunderschönen Landschaft alles einfließen zu lassen, was ihm wichtig war und in seinen Augen – in der von ihm gegründeten ‚Ästhetik-Kommission' – Gefallen gefunden hätte. Der Stein ist ein grauer, stark gemaserter Waldviertler Marmor ohne Schnörkel und Verzierungen, klare Formen und Proportionen, gerade Linien und Kanten, mit der Hand gerundet und wellig eine Ecke abgebrochen mit einem leichten Fehler, einem Sprung, ein Riss, aber nicht tief, sondern stabil und fest. Der Stein ist geeignet zum Abstellen von Gläsern und Tellern, zum Klettern für die Kinder und zum Draufsetzen, wenn jemand müde ist.

Vergangenen Sonntag habe ich im Radio eine sehr kluge und tröstliche Erklärung über die Zeit nach dem Tod gehört: Sokrates, der kluge Urvater aller Denker und Philosophen, sagte: Wenn nach dem Tod eines Menschen das Nichts kommt, das absolute Nichts, dann ist das vergleichbar mit einem ruhigen, traumlosen, uns nicht bewussten Schlaf, der uns beruhigt. Wenn aber die Seele sich vom Körper trennt und woanders weiterexistiert und das bei allen Menschen, die gestorben sind, so ist, dann ist das sehr erfreulich. Die Aussicht, mit so vielen Seelen von lieben, geliebten, klugen und bewunderten Menschen zusammenzutreffen, ist beruhigend und wunderschön. Ich glaube eher an die zweite Theorie und freue mich, dass Julius jetzt mit so vielen ebenbürtigen Diskussionspartnern, Künstlern und Denkern eine weit höhere Gesprächsqualität hat als im Leben.

Julius, ich bin sicher, dass du uns hier hörst. Ich danke dir für alles, was du mich gelehrt und mir vorgelebt hast. Wir, Brigitte und ich, danken dir für deine Freundschaft."

10) Rede von Kurt Fleischner bei der Urnenbeisetzung

„Die Geschichte von Julius und dem Waldviertel hat vor zirka 35 Jahren begonnen. Julius hatte in Wien den ersten Kinderladen Österreichs gegründet. Nachdem er schon mehrere Aufenthalte mit den Kindern hier im Waldviertel organisiert hatte, kaufte er 1972 mit etwas Geld, das er nach einer Erbschaft von seiner Mutter bekommen hatte, das Haus in Röhrenbach. Von Anfang an war der zentrale Gedanke ‚Das gemeinsame Leben mit Kindern auf dem Land'. Die Kinder von damals sind heute 40 Jahre alt und haben selbst Kinder, einige von diesen Kindern sind bereits hier in Krug aufgewachsen.

1984 war das Jahr der großen Veränderungen: Eine neue Liebe – in Form von Bärbel – ist in sein Leben getreten. Die Nachbarin hat Julius das Haus in Krug Nr. 13 angeboten, Julius hat zugestimmt. So waren mit einem Schlag nicht nur Bärbel und ihre Töchter neu in seinem Leben, sondern auch ein großer Grund mit mehreren Gebäuden, die darauf warteten, bewohnt zu werden.

1986 zog dann die Familie Wegscheider ein und bereicherte das Hofleben in der Folge mit fünf Kindern.
1990 baute Bärbels Tochter Anja den Schweinestall aus.
1991 kamen dann die Fleischners mit ihren vier Kindern dazu und bauten die Scheune aus.

In der Folge kamen dann auch Markus und Martina und belebten mit ihrer Tochter Nadia das Dachkammerl. Zusammen mit den beiden Kindern von Anja, Tatjana und Katharina, und weiteren Kindern, die immer wieder zu Besuch kamen, unter ihnen auch regelmäßig die Enkelkinder von Alois F., war es keine Seltenheit, dass hier zehn bis 15 Kinder in kleinen Grüppchen von Haus zu Haus trabten. Für Julius war es wichtig, dass Kinder sich hier frei in einem gesunden und natürlichen Lebensraum entwickeln und ausdrücken und Kontakt zu anderen Kindern, aber auch anderen Erwachsenen knüpfen und leben konnten. (Der Kontakt zu Erwachsenen außerhalb der Familie ist psychologisch gesehen für Kinder in einem bestimmten Alter von besonderer Wichtigkeit.)

Neben Bärbels Töchtern waren auch seine leibliche Tochter und sein Stiefsohn immer wieder zu Gast, wobei er nie einen merkbaren Unterschied zwischen den ‚eigenen' und den ‚nichtleiblichen' Kindern machte. Natürlich waren zu jeder Zeit die Partner ebenso willkommen wie Freunde. Julius begegnete allen Menschen, die hier zu Gast waren, mit einer mitunter an Unhöflichkeit grenzenden Ehrlichkeit, aber immer in großer Offenheit und absoluter Großzügigkeit. Es gab hier immer wieder Friedensseminare, Kunstseminare und Frauenseminare, der Hof war auf diese Weise immer ein Ort des Lernens und der Begegnung.

Was Julius immer abgelehnt und verabscheut hat, war der Blick nur auf das Eigene. Der zeitgeistig heute oft so moderne, egozentrische Blick nur auf das private Interesse war für ihn politisch, gesellschaftlich wie auch privat Ausdruck und Quelle persönlicher und sozialer Kälte, Grundlage für Kälte, Leid und Ungerechtigkeit in der Welt. Das wichtigste Prinzip dieser Hofgemeinschaft war deshalb das Prinzip der ‚offenen Türen': Natürlich gibt es hier Türen und Grenzen, die respektiert werden, aber es gibt keine Zäune, die die Wichtigkeit dieser Grenzen betonen und untermauern. Diese Offenheit der Häuser ist der Ausdruck einer Haltung des Interesses am Anderen, ein Ausdruck der Bereitschaft, am Leben des Anderen teilhaben zu wollen und ihn am eigenen Leben teilhaben zu lassen. Dieser Grundgedanke prägte und prägt das Zusammenleben hier am Hof.

Diese Form von Offenheit ist jedoch nicht immer leicht zu leben und birgt auch reichlich Stoff für Konflikt und Auseinandersetzung. Und Julius hatte hier eine – manchmal unerbittliche – Tendenz zum Konfrontieren, eine Neigung, die Dinge, ohne sie schönzufärben, beim Namen zu nennen. Diese Neigung war für uns alle oft sowohl Herausforderung als auch Möglichkeit für persönliches Wachsen und das schonungslos ehrliche Überprüfen der eigenen Positionen.

Bärbel und Julius haben viel schöne Zeit hier verbracht. Ihre gemeinsamen Aufenthalte am Land waren für beide immer etwas ganz Besonderes. Dazu kam dann 2003 Bärbels Mutter Else, die einen großen Teil ihrer letzten vier Lebensjahre hier draußen verbrachte.

Julius hat Bärbel hier in einer wundervollen Weise unterstützt. Solidarität war für ihn kein abstrakter, ideologischer Wert, sondern er lebte sie hier in der Weise, wie er zu Bärbel und ihrer kranken Mutter stand. Sein Humor und seine Stärke waren in dieser Zeit für Bärbel wohl ganz besonders wichtig. Diese gemeinsamen letzten vier Jahre, die die beiden hier mit der Pflege von Bärbels Mutter verbracht haben, haben die beiden wohl noch enger aneinander und an diesen Ort hier gebunden. Und wenn man miterleben konnte, wie rührend Katharina mit ihrer Uroma Else gespielt hat und wie die beiden gemeinsam Grimassen geschnitten haben, und wie Tatjana an ihrer Uroma Else lustige Frisuren ausprobiert hat, konnte man ahnen, dass sich hier im Zusammenleben von vier Generationen etwas tief erfüllt hat von Julius' Idee: Solidarität ...

Ich möchte auch die Gelegenheit benutzen, den Menschen aus dieser Ortschaft hier dafür zu danken, dass sie Julius und sein

Projekt – also auch uns, Menschen mit teilweise für sie fremd oder ungewöhnlich wirkenden Ideen und Lebensgewohnheiten – mit so viel Wohlwollen und Akzeptanz begegnet sind. (Das ist alles andere als selbstverständlich!) Vielleicht konnten sie instinktiv wahrnehmen, wie sehr auch Julius sich immer für die verschiedenen Arbeits- und Lebenswirklichkeiten von unterschiedlichen Menschen und sozialen Gruppen interessiert hat.

Zum Schluss möchte ich noch einige persönliche Gedanken aussprechen: Für mich, Julius, warst du Peppone nicht unähnlich, Peppone von Guareschis ‚Don Camillo und Peppone', dieser gottesfürchtige Kommunist, diese starke Persönlichkeit mit der rau wirkenden Schale und dem warmen und verletzlichen Herzen darunter.

Da war diese tiefe Angst vor Hilflosigkeit, die dein Leben und dein Sterben geprägt hat, und die Art, wie du diese Angst verarbeitet hast, wie du daraus deine grundlegenden Talente und Stärken entwickelt hast: deinen analytischen Verstand, deine Freude am Provozieren mit der Absicht, die Alltagslügen der Anderen zu durchbrechen, dein Witz, dein Mut und vielleicht auch bis zu einem gewissen Grad der Zwang, anders zu sein, abzulehnen, zu hinterfragen.

Du hast immer auf die Vergänglichkeit der Dinge hingewiesen und sie deshalb nie ganz ernst genommen. Dieses Nicht-Ernstnehmen des Lebens und der Lebenswichtigkeiten, das die existenzielle Sinnlosigkeit freilegen will, die wiederum die Alltäglichkeit zur zentralen Lebenswichtigkeit erhebt, war, glaube ich, ein wichtiger Aspekt deines Denkens. Erich Kästner hat gesagt: ‚Überall, wo man es mit Menschen zu tun hat, da menschelt's.' Dieses ‚Menscheln' hat dich interessiert. Du hast deine Aufmerksamkeit immer auf die einfachen, alltäglichen Lebensverrichtungen gerichtet: das Essen, das Trinken, die Art, wie jemand seinen Stuhl vom Tisch zurückstellt. Das Backen von Olivenbrot, das Verwerten von Fischresten für eine köstliche Fischsuppe, das Miteinander-Zelebrieren und Genießen dieser Alltäglichkeiten waren für dich von Interesse.

Aber auch die ausgegrenztens Teile des Kommunikationsspektrums hast du immer wieder zum Thema gemacht: die Verdauung ebenso wie die Sexualität, den Ärger und all die menschlichen Schwächen, Neid, Hochmut, Selbstsucht, der Mensch in dieser seiner ganzen Bandbreite hat dich interessiert. Du hast auch immer gerne über andere getratscht und bist dazu gestanden. Denn hinter deinem Tratschen stand selten Bösartigkeit, sondern meist Interesse für den Menschen, und zwar nicht für dessen ‚Sonntagsgesicht', sondern für den Menschen in seiner ganzen Widersprüchlichkeit.

Du hast oft von der Vergänglichkeit der Dinge gesprochen. Es heißt: Wenn man stirbt, kann man nichts mitnehmen. Das stimmt natürlich. Aber: Man kann etwas hinterlassen!

Und du, Julius, du hast hier so viel hinterlassen. Du hast mit deinem Leben eine tiefe Spur gezogen! Du hast das politische und kulturelle Leben Wiens über mehrere entscheidende Jahrzehnte mitgestaltet, mit deiner politischen Arbeit, mit deiner Arbeit als Autor und Kulturkritiker und mit deiner Arbeit als Lehrer und Künstler. Vor allem aber hast du mit deiner starken Persönlichkeit einen tiefen Eindruck hinterlassen bei all den Menschen, die dich persönlich kannten. Ganz sicher hast du unser Leben bereichert. Und ganz sicher wird etwas von dir und von deinen Ideen weiterleben hier in unserer Hofgemeinschaft, nicht nur, wenn wir gemeinsam essen und unser Blick dich sucht an der Stirnseite des Tisches, wo du meist gesessen bist.

Unsere Tochter Vanessa, die bereits Teile ihrer Kindheit hier in Krug verbracht hat, bekommt im November ein Baby. Vielleicht ist es das Erste einer neuen Generation von Kindern, die bald hier herumlaufen und den Hof mit ihrem Lachen erfüllen werden. Und wenn eines von ihnen hier vorüberläuft und fragt, was das für ein Stein ist, der hier steht, dann werden wir ihm von Julius Mende erzählen, der den Grundstein für all das hier gelegt hat."

Verwendete Literatur

Jean Améry: Hand an sich legen, Diskurs über den Freitod,
Klett-Cotta, Stuttgart, 1979

Beatrice Bucher: Sterben, Tod und Trauer in einer fortschrittlichen
Gesellschaft, Diplomarbeit, GRIN Verlag, München, 2006

Wolf Erlbruch: Ente, Tod und Tulpe, Verlag Antje Kunstmann,
München, 2007

Peter Fleissner: Gibt es ein Leben nach dem Tod?
fleissner@arrakis.es, 2005

Karl-Markus Gauß: Die sterbenden Europäer, Paul Zsolnay Verlag,
Wien, 2001

Sigrid Glockzin-Bever in: Sterben, Tod und Trauer in den Religionen
und Kulturen der Welt, hg. v. Christoph Elsas, Ebverlag, Berlin, 2010

Hana Hammerman, Jürgen Nieraad: Ich wollte, daß du lebst. Eine
Liebe im Schatten des Todes, Aufbau-Verlag, Berlin, 2005

Heinz Janisch / Herwig Zens: Der Tod auf Urlaub
(Wegen Urlaub geschlossen!), M.E.L. Edition, Wien, 2006

Eugenie Kain: Flüsterlieder. Erzählungen. Otto Müller Verlag,
Salzburg, 2006

Dörthe Kaiser: Chanson triste. Abschied von meinem Mann,
Verlag Herder, München, 2010

Verena Kast: Trauern. Phasen und Chancen des psychischen
Prozesses, Kreuz Verlag, Freiburg i. B., 1999

Elisabeth Kübler-Ross: Verstehen, was Sterbende sagen wollen.
Einführung in ihre symbolische Sprache, KnaurMensSana
Taschenbuchausgabe, München, 2000

Monika Müller: Dem Sterben Leben geben. Die Begleitung
sterbender und trauernder Menschen als spiritueller Weg,
Gütersloher Verlagshaus, Gütersloh, 2010

Manfred Otzelberger: Suizid. Das Trauma der Hinterbliebenen.
Erfahrungen und Auswege, Ch. Links Verlag, Berlin, 1999

Chris Paul: Warum hast du uns das angetan? Ein Begleitbuch für
Trauernde, wenn sich jemand das Leben genommen hat,
Gütersloher Verlagshaus, Gütersloh, 2006

Roberto Piumini / Quint Buchholz: Matti und der Großvater, eine Geschichte über Kindheit, Alter, Abschied nehmen, Carl Hanser Verlag, 1994

Sogyal Rinpoche: Das Tibetanische Buch vom Leben und vom Sterben. Ein Schlüssel zum tieferen Verständnis von Leben und Tod, Fischer Taschenbuch Verlag, Frankfurt/M., 2007

Emil Szittya: Selbstmörderbuch, Löcker Verlag, Wien, 1985

Romana Wasinger: Leben im Sterben. Liebevolle Begleitung in der letzten Lebensphase, Styria Premium, Graz, 2011

Jean Ziegler: Die Lebenden und der Tod, Ecowin Verlag, Salzburg, 2011

Bildnachweis

Alle Bilder von Herwig Zens

Die Nacht	17
Bamberger Totentanz	21
Die Spinne im Waschbecken	25
Der Selbstmord am See	29
Ein Alter auf zwei Stöcken	31
Die Nacht ohne Luft	35
Bahnhof Mödling	43
Mödlinger Hauptplatz	53
Der Tod als Schnitter	63
Die Schneefiguren	73
Die Zunge im Ohr	77
Der Tod als Schnitter	83
Der Tod gibt Feuer	97
Der Tod und der Lehrer	105
Der Tod und der Koch	109
Der Tod gibt Feuer	113
Der Tod betritt das Zimmer	123
Baseler Totentanz: Der Tod zum Maler	133
Der Bahnschranken Jagdschloßgasse	137
Bamberger Totentanz: Der neugierige Tod	141
Der Alte auf zwei Stöcken	145

„Man ist zunächst über die Unbefangenheit im Umgang mit dieser Materie überrascht, vielleicht gar befremdet – dann jedoch spürt man die zutiefst humane Absicht des Autors."

Marburger Forum

Maurits Verzele

Der sanfte Tod

Suizidmethoden und Sterbehilfe

ISBN 978-3-85371-257-3, br.,
128 Seiten, 11,90 €

„Aber Friede ist noch immer nicht. So sind unsere Liebes- und Sexverrenkungen zurückgekehrt in das Regelwerk des einfachen Ware-Geldverkehrs. Womit unsere Theorie über die Liebe im Kapitalismus, der alles zur Ware macht, strahlend bestätigt wurde."

Julius Mende

Die sexuelle Welle

Zwischen Sinnlichkeit und Vermarktung. Bilder und Texte

ISBN 978-3-85371-266-5, br.,
240 Seiten, reich und farbig bebildert, 19,90 €

*„Weshalb tun wir uns das bloß an – die durch-
wachten Nächte, die Ängste und Anstrengungen,
die selbst gewählte Isolation und Abhängigkeit, die
rigide Einschränkung unseres Lebensraumes?"*

Bärbel Danneberg

Alter Vogel, flieg!

Tagebuch einer pflegenden Tochter

ISBN 978-3-85371-286-3, br.,
208 Seiten, 15,90 €
Mit 20 Zeichnungen von Julius Mende